왜 끝까지 기도하지 않느냐?

정봉희 지음

하늘빛출판사

Why do
not you
pray to
the end?

이 책을 쓸 수 있도록
새 생명을 주신 하나님께
감사드리며
모든 영광을 하나님께
올려드립니다!

서 론

사람이 출생하여 주어진 삶을 살아가며 일생을 마치는 인생의 여정 속에서 한번쯤 우리는 어디에서 왔으며 왜 살아가며 어디로 가야 하는지 생각해 봅니다. 우리는 세상에 나올때에 나라를 선택할 수도 없었고 부모님을 선택할 수도 없었으며 세상의 시작과 끝나는 시간 속에 어떤 시대를 살아갈 것인지도 선택할 수 없었습니다. 우리는 우리가 존재하는 이유도 모른 채 우리에게 주어진 환경에 순응하여 살아 왔으며 사고나 질병으로 자신의 의지와 상관없이 서글픈 일생을 마치는 경우도 있으며 스스로 자살을 선택하여 생을 마감하는 가장 어리석은 일생도 있으며 자신에게 주어진 수명을 다하여 생을 마치는 경우도 있습니다. 우리는 죽음 자체는 두려워하였으나 사후에 펼쳐질 세상에 대하여는 관대하였고 막연하게 생각했으며 존재 자체를 부정하기도 하였습니다. 그러나 죽음 이후의 세상, 즉 영원한 세상이 분명히 존재하며 지옥은 실존하는 곳임을 알았을 때에 우리는 지옥을 해결할 수 있는 진리를 찾아 몸부림쳐야 하며 그것은 우리의 삶의 이유와 내가 어디에서 와서 어디로 가는지를 명확하게 제시하여 내가 바로 오늘밤 죽음 앞에 섰을 때 지옥을 피하여 구원을 얻을 수 있게 할 것입니다.

우리들 중에는 이러한 진리를 찾고자 한 생애를 불사르며 구원을 이루는 깨달음을 스스로 얻고자 하였으나 찾을 수 없었고 세상 속에는 종교라는 이름으로 구원을 외치며 우리에게 다가 오나 우리는 우리의 생명을 담보할 수 없는 수많은 거짓 진리들을 분별해야 하며 우리의 죄값을 해결할 수 있는 참 진리를 발견해 내어야 합니다.

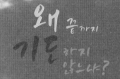
왜 끝까지
기도 하지
않느냐?

참진리를 찾아 그 값을 지불할 때에 때로는 고난이 찾아와 나의 가진 모든 것과 내 생명까지 내어 줄지라도 우리는 그것을 놓지 않고 끝까지 붙들어야 하며 우리가 찾은 참 진리를 나의 사랑하는 가족과 친구와 이웃에게 전하여야 합니다. 나는 바로 오늘밤이 될지도 모르는 죽음 앞에 섰을 때 세상의 헛됨을 보았고 나의 끝없는 욕심에 매여 세상에서 얻었던 모든 것들이 잠시 나의 것처럼 보이나 실상은 나의 것이 아님을 깨달았습니다.

나는 나의 삶속에 죽음을 통과하여 잠시 연장 받은 인생의 시간 속에서 이전에도 찾았으나 눈과 귀가 멀어 보지 못했던 참 진리를 발견하였으며 그것은 밭에 감추인 보화처럼 깊숙이 숨겨져 있으나 나의 모든 것을 팔아 그 밭을 사려 합니다.

천국은 마치 밭에 감추어진 보화와 같으니

사람이 이를 발견한 후 숨겨두고 기뻐하며 돌아가서

자기의 소유를 팔아 그 밭을 샀느니라.

(마태복음 13:14)

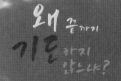

2부

Why do
not you
pray to
the end?

1부

더 이상 미룰 수 없었다.

교회에서 전도하러 다니시는 집사님을 처음 만난 건 내가 고등학교에 진학하면서 다른 곳으로 이사를 왔던 그 해 봄이었습니다. 집사님은 집 앞 길거리를 지나며 나를 만날 때마다 내게 웃으시며 교회 전도지를 내밀었습니다.

나는 유교 불교를 믿는 집안의 영향 때문에 교회에는 관심이 없었고 우리 민족 대대로 관습처럼 지내왔던 조상에게 제사도 못 지내게 하는 사람들에게 좋은 감정이 생기질 않았습니다. 내가 살고 있었던 집과 가까운 곳에 이웃이었던 집사님은 어느 날 예고도 없이 불쑥 집으로 나를 찾아 오셨습니다. 이날 이후로부터 정기적으로 집으로 찾아 오셨고 오실 때마다 교회 책자며 교회 테이프를 가지고 오시며 교회에 참석할 것을 권면하셨습니다. 집사님에게 말하기를 우리는 절에 다니는 유교 불교 집안이므로 교회에는 더 이상 관심이 없으니 찾아오시지 말라고 말씀 드렸습니다. 그러나 집사님은 내 말을 듣는지 안 듣는지 계속해서 집으로 찾아오셨고 우리는 참다못해 집사님이 무색할 정도로 화를 낸 적도 있었고 무정하게 문전박대를 한 적도 있었으며 벨을 아무리 눌러도 현관문을 열어 주지 않을 때도 있었지만 그럼에도 불구하고 집사님은 한 번도 웃음을 잃지 않으시며 예수님의 복음을 전하셨습니다. 처음에는 마주치는 것조차 부담스러웠지만 점차 시간이 흐르면서 가까운 이웃에 살기도 했었지만 교회 다니시는 분이시라 으래 그러려니 하는 생각으로 집사님과의 만남이 익숙해져 갔습니다.

그렇게 한 해 두 해가 흐르던 어느 날, 집사님은 본 교회 목사님과 동행하여 오신적도 있었는데 목사님은 집안에 들어 오시자마자 집안 현관이며 방문 위에 붙여 놓은 부적을 손수 떼어 내시며 쓰레기통을 찾아 버리셨습니다. 우리는 생각지도 못한 무례한 행동에 당황하기도 했지만 수년째 우리 집을 방문하신 집사님의 얼굴을 봐서 한편으로는 하나님을 섬기는 목사님이시라 보시기에 거북하실 수도 있었겠다는 생각에 이해하려 했지만 감정이 상했다는 표정을 감출 수는 없었습니다.

이런 나의 표정은 아랑곳하지 않으시고 목사님은 말씀하시기를 천국과 지옥은 분명히 존재하는 곳이라며 나를 처음 만났을 때 집사님이 나에게 내밀었던 천국과 지옥의 증언 전도지를 내게 주시며 이번 부흥집회에는 꼭 참석해 줄 것을 부탁했습니다.

집사님을 처음 만난 때로부터 수년이 흘러 나는 대학에 진학하였고 가난한 학생이었던 나는 학비를 벌기 위해 학기가 종료되는 대로 일을 시작해야 했습니다.

집회가 있는 6월 넷째 주는 기말고사가 끝나고 곧바로 일을 해야 했으나 수년을 하루같이 언제나 변함없이 나를 찾아

주었던 집사님에게 미안한 생각이 들어 더 이상 교회 참석 약속을 미룰 수 없었습니다.

　집사님의 정성을 생각해서 이번 한번만 교회에 참석할 요량으로 집회 참석을 결심하였습니다.

집회가 시작되던 날 예배 시간에 맞추어 집에서
걸으면 십분 정도의 위치에 있는 본 교회를
찾아 교회 문을 열고 들어가 보니 사람들이
삼삼오오 앉아서 기도하는 모습이 보였습니다.
나는 뒤쪽에 자리를 잡고 앉아 정면으로 보이는
십자가를 바라보고 있으려니 왠지 모를 무서움이
느껴졌습니다. 그래서 나는 얼른 고개를 돌려
창밖을 바라보았는데 초여름의 밝은 햇살과 함께
맑고 푸른 하늘이 보였습니다.

집회가 시작되고 강단에 서있는 분은 키는
그다지 크지 않았으나 다부진 체격에 우락부락한

얼굴과 굵은 목소리를 내며 자신을 본 교회 목사님의 친동생이자 본 교회 장로라고 소개했습니다. 예리한 눈빛과 말씀하시는 말투를 가만히 들어보니 소위 뒷골목에서 놀아본 조직 폭력배의 모습과 흡사했습니다. 생각해보니 교회는 장사라고 하던데 두 형제분이 장사꾼이 약을 팔듯이 예수를 팔아 사기를 치려나 하는 생각이 문득 머리를 스쳤습니다. 정신을 집중하여 장로님께서 말씀하시는 소리를 들어보니 외삼촌이 돌아가시기 일주일 전 교회를 다니시는 외삼촌댁에 방문한 적이 있었다고 합니다.

예수를 믿기 전에는 잘 살았었는데 예수를 믿고 나서부터 재산을 탕진하고 가난해졌으며 결국엔 병들어 조그만 학구방에서 배하고 허리하고 딱 붙은 채로 꼬챙이처럼 말라버린 모습으로 누워 계셨다고 합니다. 그러나 천국에서 다시 보았던 외삼촌의 모습은 돌아가시기 일주일 전 꼬챙이처럼 말라버린 그 모습은 사라지고 장로님이 어려서 보았던 젊은 시절 30대의 모습으로 변화되어 눈이 부실 정도로 번쩍번쩍 빛나는 마고자식의 옷을 입고 함박꽃처럼 환한 웃음을 짓고 있는 외삼촌을 보았다고 합니다.

향교 장의를 지내셨던 아버지는 오로지 조상밖에 섬길 줄 모르는 분이셨다고 합니다. 조상들을 지극히 잘 모셨다는 공로로 당연히 좋은 곳으로 가셨으리란 믿음과는 달리 돌아가시고 6년 만에 다시 본 아버지는 아무것도 보이지 않는 깜깜한 지옥에서 병환으로 온 몸이 팅팅부어 돌아가시던 그 모습 그대로였으며 서있는 발밑에는 새까만 구렁이들이 우글우글 기어 다니고 있었고 새까만 구렁이 세 마리가 팅팅 부어있는 온몸을 기어 다니며 물고 뜯고 할퀴며 차마 눈을 뜨고 볼 수 없는 비참한 장면을 보았다고 합니다.

장사를 하셨던 큰 아버지는 활활 타고 있는 새파란 불구덩이 속에서 끝도 보이지 않는 새빨간 화로 위에 수많은 사람들과 함께 우르르 몰려다니며 뜨겁게 뜨겁게 고통 받는 모습을 보았다며 울부짖듯이 말하였습니다.

외삼촌은 천국에 계시고 향교 장의셨던 아버지와 장사를 하셨던 큰 아버지는 지옥에 계신다는 설정인 것 같습니다. 그렇지만 아무리 돈 버는 게 좋아도 그렇지 자식 된 입장에서 어떻게 많은 사람들 앞에서 자신을 낳아준 아버지가 지옥의 뱀 구덩이 속에서 고통 받는다고 말할 수 있을까 라는 생각도 동시에 해 보았습니다.

집회가 막바지로 치닫자 말로만 듣던 헌금 바구니가 돌려지는걸 보았습니다. 내 주머니에는 시내버스 승차권을 사기 위해 가지고 있었던 오천 원짜리 지폐 한 장이 있었습니다.

가난한 학생이었던 나에게는 큰돈이기도 했으며 나는 분명 바구니를 비워 보내거나 헌금을 하더라도 심각한 마음의 갈등이 있어야 했지만 이상한 일은 전혀 거리낌 없이 내 앞으로 돌려진 바구니에 오천 원을 넣는 것이었습니다.

나는 집회가 끝나고 집에 돌아온 며칠 후, 집사님께서 집에 오실 때마다 가져다주었던 교회 테이프 중에 천국과 지옥의 증언 테이프가 눈에 띄어 다시 한 번 들어 보고자 하는 마음이 생겨 오디오에 테이프를 넣고 반복하여 들어 보았습니다. 집회에 참석하여 나와 정면으로 마주보는 십자가를 볼 때에 무서움이 테이프를 반복하여 들을 때마다 동일하게 느껴졌고 무엇인가 내 영혼을 휘감아와 옥죄는 느낌을 받았습니다.

어느 날 새벽녘 꿈에 칠흑 같은 어둠이 내 주변을
에워싸며 마치 내가 깨어있는 것 같은 생생함 속에 두려움과
무서움들이 나의 온 영혼을 지배하며 어둠속 어딘가에서
우렁찬 소리가 들려왔습니다.

'너는 절대 구원을 받을 수 없다.'

나는 깜짝 놀라 잠에서 깨어났고 나의 온몸은 식은땀으로
젖어 있었습니다. 마음으로 생각하기를 하나님이 참으로
계시다면 나에게도 빛으로 찾아오시기를 원했지만 어찌된
일인지 나에게는 어둠이 먼저 찾아와 나를 감싸 안아
버렸습니다.

공예배 참석

　내가 기존에 가지고 있었던 관념과 상반되는 이전엔 도저히 상상할 수 없었던 말도 안 되는 발걸음으로 내가 순전히 나의 의지로 교회로 향하고 있었습니다.

　생각해보니 아주 어릴 적 친구 한 녀석이 말하기를 오늘 교회에 가면 사탕하고 과자를 나누어 준다는 말에 혹하여 그 친구와 함께 교회에 몇 번 다니며 사탕하고 과자를 얻어먹은 일이 있었습니다. 그때 그 교회에 계셨던 전도사님이 태어나서 교회는 처음 방문한 나를 붙들고 눈물을 흘리시며 뜨겁게 기도해 주었던 일이 생각납니다.

교회 문을 열고 들어가자 교회 의자는 사람들로 이미 가득차 있었고 앞에서는 몇몇 사람들이 나와 마이크를 잡고 찬양를 부르고 있었으며 그 옆에는 내가 어려서 TV에서 보았던 성가대원들이 앉아 있었습니다. 나는 안내하는 사람의 안내를 받아 제일 뒷쪽 의자에 앉았으나 정면으로 보이는 십자가가 무서워 고개를 숙이거나 다른 쪽으로 눈을 돌리고 있었고 예배가 시작되어 일생 처음 들어본 성가대의 찬양이 끝나자 목사님이 설교를 시작하셨습니다.

강단에서 설교하시는 목사님은 목소리에서 묻어나는 열정과 뜨거움으로 말씀하시기를 우리 교회는 십년 안에 광주에서 가장 큰 교회로 부흥할 것이며 나아가 세계 선교를 감당하는 교회가 될 것이라고 말씀하셨습니다. 광주에서 제일 큰 교회가 어느 정도 인줄은 모르겠으나 적어도 TV에서 보았던 교회들의 모습은 본교회보다 몇 배는 커 보였는데 이런 작은 교회가 그처럼 큰 교회로 부흥하기 위해 기도한다니 믿기지 않았습니다.

그러나 나는 우유부단한 사람은 질색이었고 무슨 일을 시작하던 간에 자신감과 열정이 넘치는 사람을 좋아합니다.

아마도 목사님의 이런 열정을 발견하지 못 하였다면 아마도 오랜시간 본 교회에 머무를 수 없었을 것입니다.

주일 예배가 끝나고 집에 돌아가고 있던 어느 날, 뒤에서 누군가 나를 부르는 소리가 들렸습니다. 자신을 청년부 회장이라고 소개하면서 시간이 되시면 같은 청년들끼리 모여 토요일 오후마다 예배를 드리는 청년예배에 참석하여 함께 예배를 드리면 좋겠다며 다음 청년예배에 꼭 참석해줄 것을 권면했습니다.

나는 학기 중에도 방학 중에도 학비를 벌어야 했으므로 언제나 바쁘게 살아야 했고 시간을 나누어 써야 했습니다.

이런 청년회 활동은 시간적 여유가 없어 할 수 없었으나 나와 같은 또래의 청년들은 어떻게 교회생활을 하는지 궁금하기도 하고 한번쯤 나가 보는 것도 좋을 것 같다는 생각에 나에게 찾아와 준 청년회장의 요청을 수락하였습니다.

약속한 토요일 오후가 되어 교회에 가보니 청년들이 나를 보며 반갑게 맞이하여 주었고 나와 같은 대학에 다니는 여학생도 있었습니다.

교회 의자에 앉아 서로 마주보며 교제를 나누는 청년들의 모습을 보라보니 가난한 삶에 찌들어 항상 무언가 쫓기듯 살아야 했던 나와는 상반되어 보였는데 하나 같이 모두 여유롭고 밝은 표정들이었습니다. 마음으로 생각하기를 나도 언젠가는 여유롭고 풍요로운 삶을 사는 때가 오면 저 청년들과 같은 표정을 지을 수 있을거라 생각했습니다.

교제 시간이 끝나자 청년회를 담당하시는 전도사님과 예배를 드렸습니다. 목사님과 마찬가지로 전도사님 또한 열정이 넘치셨으며 청년들의 기도 소리는 온 교회를 울릴 만큼 뜨거웠으며 이런 열정과 뜨거움의 에너지들이 나에게 전해지는 듯합니다.

나를 전도하셨던 집사님이 교회에서 나를 보시더니 "성도님 새벽예배 드리시게요? 새벽예배 때 은혜 받으세요!"

아침잠이 많은 나는 새벽시간에 일어난다는 것은 매우 힘든 일이었습니다. "저는 아침잠이 많아서 도저히 일어날 수가 없어요." 이렇게 말씀 드렸더니 집사님이 내게 말하기를 "제가 매일 새벽 4시마다 전화로 깨워드릴 테니 전화벨 소리를 주님의 음성으로 알고 일어나세요." 그날 이후 매일 새벽 4시가 되면 정확하게 전화벨이 울렸습니다. 나는 떠지지 않는 눈과 천근만근 무거운 몸을 일으켜 집사님과 함께 새벽예배에 참석하였습니다.

아직은 예배시간이 아닌 듯 교회에는 불이 꺼져 있었고 희미한 불빛 사이로 사람들이 앉자 고개를 숙이고 기도를 하는 모습이 보였습니다. 나는 졸린 눈을 감고 예배 시작 전까지 잠을 자려 했으나 내 귓가에 들려오는 기도 소리는 한국어도 아니고 외국어도 아닌 이상한 언어로 기도하는 소리가 들렸습니다.

예배가 끝나고 집사님에게 물어보니 하나님께서 귀신이 알아들을 수 없게 각 사람에게 필요한 방언을 주시는데 성도님도 이러한 방언 받기를 사모하라고 말씀하셨습니다.

나중에 알았던 사실이지만 집사님의 아들이 청년 회장이었고 그 아들을 통해 나를 청년회로 이끌었고 새벽예배를 통해 믿음이 자라날 수 있도록 기도로 나를 양육하고 있었습니다.

외삼촌 꿈

검은 옷을 입은 사람들이 집 앞 담벼락을 지나 대문을 열고 집안으로 들어오는 것을 보았다고 합니다. 외할머니가 돌아가시기 전날 밤 외할머니 곁에서 잠을 자던 외삼촌의 꿈 이야기입니다. 검은 옷을 입은 사람들은 예수님을 영접하지 않으셨던 분이시라 외할머니의 영혼을 찾으러 오는 저승사자라고 생각됩니다.

정통 불교 집안이었던 외갓집은 증조부 고조부 할아버지께서 높은 벼슬을 하셨으며 그 시절 삼시 밥상에 고기가 빠지지 않을 정도로 넉넉한 집안이었습니다. 외할머니가 병환으로 누워 계실 때 외할아버지는 작은 할머니를 들이셨고 내가 외갓집에 방문할 때마다 나와 어머니를 앞에다 두고 외할머니는 항상 외할아버지를 비판하였으며 이런 자신의 처지를 비관한 듯 서러운 울음을 우셨습니다.

외할머니가 돌아가시고 집안에 일 년 동안 외할머니 영정을 모셔놓고 큰 외숙모는 삼시세끼 외할머니 영정 앞에 제사상을 차려놓고 아이고 아이고를 외치며 곡을 하였습니다.

몇 해 전 돌아가신 외할머니가 단잠을 이루고 있던 어느 날 꿈에 나타나 서로 얼굴을 마주 보고 있는 가운데 외할머니가 내게 말하기를 "너 내가 혼내줄 거야" 이 소리 또한 지난 번 칠흑 같은 어둠 속에서 울렸던 우렁찬 소리와 같이 현실에서 들리는 듯 생생하게 들려왔습니다.

생각해 보니 외할머니가 돌아가시고 외갓집을 방문한 적이 있었는데 이슬비가 내리던 그날 오후 나는 무엇인가에 이끌린 것인지 외갓집에서 멀지 않았던 외할머니 묘소에 찾아가 절을 두 자리 올리고 집으로 돌아온 적이 있습니다. 그때 외갓집 쪽에 조상 귀신이 내게 역사하는 것인지 내 삶을 들여다보며 내가 교회로 향하는 발걸음을 차단하려고 하는 것 같습니다.

신유 집회

    나는 교회에서 병을 고친다는 말을 처음 들었습니다. 생전 처음 듣는 말이라 신기하기도 하였고 어떻게 병을 고친다는 것인지 궁금하기도 하여 집회에 참석했습니다.

    나는 생각하기를 말 좋은 사람들이 교회에 다니지 않는 사람들에게 교회 다니게 하려고 지어낸 이야기일 것이고 어떤 식으로 교회 사람들끼리 짜고 사람들을 속이는지 보고 싶었습니다. 그러나 이런 나의 생각과는 달리 성경 속에는 예수님에게 실제 고침 받는 장면이 있었고 몸이 아픈 사람들이 성경 속에서 고침 받은 사람들처럼 병이 낫기를 바라며 간절하게 기도하는 모습을 보니 뭔가 있기는 있는가보구나 라는 생각이 들었습니다. 당시 어머니께서 어깨 통증으로 한의원을 찾아가 침을 맞아보아도, 병원에 찾아가 약을 지어 먹어 보아도 일시적일 뿐 상태가 호전되지 않아 고통을 호소하셨습니다. 이런 어머니 생각이 나서 나는 어머니를 모시고 집회에 참석해 보아야겠다는 생각이 들었고 다음날 어머니와 함께 집회에 참석했습니다.

목사님께서 말씀을 전하신 후 몸이 아프신 분들은 앞으로 나오시면 안수기도를 해 주신다는 말씀을 듣고 우리는 앞으로 나갔습니다. 목사님께서 어머니에게 어디가 아프냐고 물으셨고 어깨 통증이 심하다고 말씀 드리자 목사님께서 어머니를 보시고 양손을 뻗어 앞으로 나란히 해 보라고 하셨는데 가만히 살펴보니 왼쪽 팔의 길이가 오른쪽 팔보다 약간 짧아 보였습니다. 목사님께서 말씀하시기를 왼팔은 오른팔과 같이 늘어날 지어다 말씀하시는 순간, 눈 깜빡할 사이에 살짝 늘어나더니 왼팔과 오른팔은 균형을 이루고 있었습니다. 내가 잘못 보았나 하는 생각으로 팔을 좌우로

흔들어도 보고 맞닿은 두 손을 놓아 다시 맞추어 보아도 분명 왼팔과 오른팔은 균형을 이루고 있었습니다.

통증이 사라지고 고침을 받으신 이후 어머니께서도 본 교회에 출석하셨습니다. 교회 생활에 열심을 내시던 어머니께서 기도하는 가운데 갑자기 눈물과 콧물이 쏟아지는 가운데 혀가 말리더니 방언이 나왔다며 방언 체험담을 나에게 말씀해 주셨습니다. 나는 저녁 예배를 마친 후 교회에 남아서 간절히 기도하기를 새벽기도에 나가 처음으로 들어 보았던 방언 기도를 어머니처럼 내게도 체험하게 해달라며 기도하는 가운데 같은 청년회에서 활동하던 자매 한분이 내 손을 붙잡고 뜨겁게 기도해 주었습니다. 기도가 점점 깊어지는 가운데 어머니 말씀처럼 눈물과 콧물이 쏟아지며 큰 소리를 내어 울던 도중 혀가 말리며 방언이 터져 나왔습니다. 그것은 내가 멈추고 싶어도 멈출 수 없었던 예수님께서 내게 주시는 은혜의 선물이었습니다.

십일조

아버지를 일찍 여의고 편모슬하에 살아가는 나의 생활들은 당장 오늘 하루를 살아 내기가 힘겨울 정도로 궁핍하기 짝이 없었습니다. 운동장에서 백미터 경주를 하는데 다른 친구들은 출발선이 백 미터였다면 나의 출발선은 언제나 백오십 미터였을 정도로 언제나 나의 삶은 힘들고 고단했습니다.

내가 어린 시절 어머니는 나를 키우기 위해 식당일을 하셨고 보험일도 하셨으며 이런 일조차 여의치 않을 때는 광주 근교에 있는 시골에서 비교적 큰 농사를 짓고 살아가는 셋째 이모 집에서

밭일을 비롯한 농사일을 거들며 근근히 살아갔고 나중에는 청소일 까지 하셨습니다. 내가 현재 살고 있는 이 시대에는 여성들이 할 수 있는 직업들이 다양하고 많으나 그 당시 나를 키우던 시절에는 여성들이 세상에 나와서 마땅히 일할 수 있는 직업이 한정되어 있었습니다. 집이 없었던 우리는 매년 이전에 살았던 집보다도 더 저렴한 사글세방을 찾아 다녀야 했으며 일 년에 한 번씩 마련해야 하는 집세를 만드는 일이 가장 힘들었습니다. 나는 친척 집이나 잘 아는 집에서 얻어온 옷이나 신발을 신어야 했으며 학교에 내야 하는 육성회비도 밀리기를 반복하였고 학교 실습 시간에 필요했던 준비물조차 마련할 수 없을 때도 있었습니다. 공부를 곧잘 했던 나는 학원에 한 번 가보는 게 소원이었고 다른 아이들처럼 참고서나 문제집으로 공부해 보는 게 꿈이었습니다.

우리는 하루 세끼 챙겨 먹을 수 있는 것에 감사해야 했지만 우리도 언젠가 가난에서 벗어나 돈 걱정 없이 부자로 살수 있는 내일에 소망을 두었으며 언제나 웃음을 잃지 않았고 그 시절에 삶이 너무나 힘겨워 울었던 눈물까지도 나는 행복 했습니다.

목사님께서 예배 시간에 말씀하시기를 "씨를 뿌려야 열매를 맺습니다." 이렇게 말씀하셨고 이 말씀은 누구나 알고 있는 너무나 평범한 진리임에도 불구하고 내 마음 가운데 폭풍우를 일으키며 진실로 믿어졌습니다. 그렇지만 하루 벌어 하루 살기도 버거운 나에게 십분의 일은 큰 도전이었으며 교회는 다니되 너무 깊이 빠지지는 말라며 누군가 충고해 주었던 생각이 납니다. 목사님께서 말씀하시기를 "바가지가 없어서 생수를 못 떠먹어요" 건축할 땅위에 성령의 생수가 가득한데 주의 몸된 성전이 아직 건축되지 않아 성도들이 은혜를 받을 수 없다는 말씀인 것 같았습니다. 이런 주의 몸된 성전을 건축하기 위하여 하나님 앞에 헌신하는 성도들의 모습은 뜨겁게 불타오르는 불꽃같았으며 드리지 못하여 안타까워 현재 들고 있는 자녀의 보험을 해약하여 건축 헌금을 하셨다는 분도 계셨고 당장 수중에 가진 돈이 없어서 은행 대출을 받아서 건축헌금 하신 분도 계셨습니다.

예수님을 진실로 사랑하시는 성도들의 헌신과 눈물의 기도는 뜨거움 그 자체였습니다. 당시 내게는 학비를 마련하기 위해 아르바이트를 해서 모아놓은 십 만원이 있었습니다. 가난한 학생이었던 나에게는 아주 큰돈이었지만 내 마음속에 진실로 드리고 싶었습니다.

지금 건축 중에 있는 성전은 내가 군대에 입대하였을 때 입당 예배를 드렸고 휴가를 나올 때 건축되어 있는 성전을 보니 참으로 아름다웠고 하나님께 감사했습니다.

사람이 일생을 살아가며 수많은 사람을 만나지만 나에게 유익을 가져다줄 누군가를 만나는 것처럼 복된 일이 없는데 이처럼 내 인생 전체를 흔들어버린 믿음 생활에 본 교회와 본 교회를 개척하신 목사님과의 만남은 하나님께서 내게 주시는 큰 복이었습니다.

아버지 제사

　골수 유교 불교 집안이었던 우리 집은 1년에 제사가 여러차례 있었으며 특히나 할머니께서는 정월 대보름과 단오와 같은 날에도 칠월칠석이나 동짓날에도 새벽같이 일어나셔서 정결한 옷을 입으시고 정성을 들이신 음식들로 제사상을 차려 놓으시고 제사를 지내며 복을 빌곤 하셨습니다.

　제사를 지내는 날이 되면 집안의 장손이라며 언제나 나를 옆에 두고 제사를 지내셨고 그때 내 눈에는 이런 모습들이 너무 좋았고 신성한 의식처럼 보였습니다.

　할머니는 내게 늘 말씀하시기를 이렇게 정성을

들여 제사를 지내면 조상님들이 오셔서 드시고 가시면서 복을 내려 주신다고 말씀하셨습니다. 그리고 내가 죽으면 조상들이 와서 나를 데리고 갈 것이며 좋은 곳에서 할아버지와 아버지를 만나서 행복하게 사실 거라고 말씀하셨고 내가 죄가 많아 지옥으로 가려고 해도 조상님들이 오셔서 나를 구하고 좋은 곳으로 데리고 가실 거라고 믿고 계셨습니다. 할머니가 젊은 시절에 한 스님께서 말하기를 아주머니는 명을 이어받아 아주 오래 사실 거라 예언했다고 합니다.

이십년이 지난 어느 날 아버지는 젊은 나이에 사고로 돌아가셨으며 할머니는 아버지 제사 때면 항상 그 스님의 말이 맞기는 맞는가 보다 하시며 아버지 생각에 괴로워하셨고 실제 오래 장수하시다 얼마 전 돌아가셨습니다.

집안에 조금이라도 좋은 일이 생기면 선영에서 우리를 도왔다 말씀하셨고 어릴 적 나를 데리고 산소에 갈 때면 언제나 후손들 복 받고 잘 살게 해달라고 복을 빌었고 특히 아버지 산소에서는 불쌍한 니 새끼들 공부도 잘하고 좋은데 취직도 시켜달라며 눈물을 보이셨습니다.

이런 집안의 환경에 영향을 받아서인지 초등학교시절 종교 토론이 벌어졌는데 나는 두말할 것도 없이 하나님은 존재하지 않는다고 선언해 버렸습니다. 우리 조상들이 대대로 믿어왔던 유교 불교가 진실이지 어떻게 서양에서 들어온 종교가 진실이냐며 맹공을 퍼부었습니다.

크리스마스에 언제나 TV에서 교회의 모습을 보았는데 성가대에서 찬양하는 사람들이 입은 성가대 가운이 그때 내 눈에는 화려해 보여 너무 싫었습니다. 그러나 하나님은 존재하지 않는다고 선언해 버린 것과 교회에 대한 아무런 지식도 없이 교회의 모습들을 비판한 것이 영적으로 얼마나 큰 죄인 줄 그때는 몰랐습니다. 아버지 제삿날 마침내 나에게 믿음의 첫 번째 시련이 찾아왔습니다.

아버지는 내가 일곱 살 때 돌아가셔서 아버지에 대한 기억은 거의 없습니다. 그러나 제사상을 차려 놓으면 오셔서 드시고 간다는 생각에 언제나 정성을 다했고 모든 제사의 첫 번째 절은 언제나 내가 드려야 했습니다. 제사를 지내기 위해 일가친척들이 모두 모였고 어느 때처럼 작은 아버지는 내게 절을 드리라고 하셨습니다. 믿음이 조금씩 자라나고 있었던 나는 이제 교회에 다니고 예수를 믿으니 앞으로 제사를 지내는 것도 절을 하는 것도 못하겠다고 말했습니다. 순간 제사상 앞에 숙연했던 분위기는 얼어 버렸고 이런 나를 다그치며 재차 절을 할 것을 권유했으나 내가 움직이지 않자 나를 밖으로 데리고 나가더니 미쳐도 단단히 미쳤다며 갖은 모욕적인 소리를 온몸으로 받아내야 했습니다.

초신자였던 나는 제사를 지낸다는 것이 영적으로 무슨 의미인지 정확히 몰랐지만 믿음을 저버리고 싶지는 않았습니다.

사업

어렵게 대학을 졸업하고 다른 친구들보다
2년 늦은 나이에 군대에 입대하였습니다. 주위
사람들로부터 군대에 대한 이야기는 들어왔으나
생각한 것보다 무척 힘들고 고단했습니다.
주일성수를 못하면 어쩌나 걱정했지만 군부대
가까운 곳에 교회가 있었고 주일 예배를 드리는
가운데 "인애하신 구세주여 내말 들으사 죄인
오라하실 때에 날 부르소서" 찬양을 부를 때에
폭풍 같은 눈물이 쏟아졌습니다.

이등병 때 처음으로 5천원 정도의 월급을
받았는데 이 가운데에서도 십일조와 헌금 생활을

철저히 하였습니다.

이등병 4개월째 우리 부대는 휴전선이 있는 최전방으로 투입되었는데 밤새도록 철책 근무는 계속되었고 근무 철수 이후에도 이등병이었던 나는 막사 청소와 잡무에 시달렸고 1시까지 잘 수 있는 오침을 오전 9시가 넘어서야 취할 수 있었으며 오후에는 밤샘근무 전까지 작업에 시달렸습니다.

내가 과연 여기서 살아나갈 수 있을까 이런 생각도 해 보았습니다. 전방부대에는 교회가 없어서 교회에 가고 싶어도 갈 수 없었고, 말씀에 갈급함을 느꼈던 나는 언제나 주일날 아침이 되면 고향쪽 본 교회를 바라보며 나홀로 예배를 드렸습니다. 도저히 오지 않을 것 같은 시간이 흘러 제대를 하였고 군대를 무사히 제대했다는 기쁨도 잠시 나는 곧바로 치열한 세상 속으로 뛰어들어야 했습니다. 언제나 나의 삶이 그러했듯이 아무것도 없는 무형의 세상에서 나는 무엇인가를 만들어 내야 했습니다. 그렇지만 언제나 나는 밝은 내일을 꿈꾸었고 무엇인가 만들어 낼 수 있다는 자신감도 있었습니다. 그러나 생각대로 일이 잘 풀리지 않을 때는 누군가에게 의지하고 싶다는 생각도 해 봤습니다. 주위를 둘러보면 넉넉한 가운데 거침없이 자신의 일을 밀고 나가는 친구들이 부러웠습니다.

"예수께서 이르시되 할 수 있거든이 무슨 말이냐 믿는 자에게는 능히 하지 못할 일이 없느니라"(막9:23)

이 말씀을 떠올리며 다시 힘을 냈습니다.

나는 공무원을 하고 있는 누나의 영향을 받았는지 공무원이 하고 싶었습니다. 이런 나의 마음을 잘 아는 누나는 공무원 시험관련 서적과 얼마간의 학원비를 마련해 주었습니다. 그렇지만 만만치 않은 학원비에 길게는 몇 년이 될지도 모르는 시험에 도전하기는 무리였습니다.

나는 조그만 유통 회사에 입사를 하게 되었고 첫 월급을 받았습니다. 첫 월급은 첫 소산물로 하나님께 드리라는 말씀이 생각났지만 내 믿음이 아직까지 거기에는 미치지 못한 것 같습니다. 업무가 점점 익숙해져 갔으며 장사는 이렇게 하는구나 하며 나는 조금씩 장사에 눈을 뜨기 시작했습니다.

입사 후 6개월이 지날 때쯤 가장 밑바닥에서 시작해야 했지만 나는 장사에 뛰어 들었습니다. 아무것도 없는 무일푼이었던 나는 제대 후 6개월간의 회사생활에서 모은 얼마간의 돈이 전부였습니다. 하고자 하는 의욕은 넘쳤지만 암울한 현실에 기가 꺾였던 것도 사실입니다.

'소도 언덕이 있어야 비비지'라는 말이 생각납니다. 주위를 아무리 둘러보아도 내게 도움을 줄만한 곳은 없었고 행여 있다고 한들 나의 가난한 모습을 보고 고개를 저을 것이 분명했습니다. 세상 어디를 둘러보아도 눈에 보이는 것은 나의 초라한 모습뿐이었고 내 손이 잡을만한 그 무엇도 찾아볼 수 없었습니다. 나는 성전을 찾아가 나의 있는 모습 그대로 하나님께 아뢰었고 밤새 철야 기도를 하였습니다.

사실 나는 성실하기는 했지만 무척이나 내성적인 성격 때문에 장사와는 어울리지 않았습니다. 주위 사람들도 이런 나를 알기에 말리는 분도 많았고 특히나 같이 근무했던 동료들이 말하기를 – 수년째 일을 하고 있지만 우리는 아직 엄두도 못내고 있는데 – 이제 막 세상 속에 나온 햇병아리인 나를 볼 때 기가 찼을 것입니다. 그러나 나는 나의 부족함을 하나님께 모두 맡기기로 하였습니다.

첫 번째로 거래처 확보가 우선이었던 나는 무작정

지방으로 내려가 명함을 돌리고 열심히 뛰었습니다. 전화벨이 울리고 나에게도 주문이 들어오기 시작했으며 지방에 있는 거래처들은 마치 나를 기다리고 있었던 것처럼 그리고 서로 간에 깊은 신뢰가 있는 아주 오래 전부터 알고 있었던 것처럼 주문이 폭주하였습니다.

정신없이 뛰었고 새로운 에너지가 넘쳐흐르는 것 같았습니다. 나의 눈물의 기도를 들으시고 하나님께서 도와주셨습니다. 사업이 번성하면서 현금이 부족할 때도 있었지만 십일조와 헌금을 매주 드렸고 이렇게 드릴 수 있어 나는 하나님께 감사했습니다.

축복

이번 주일은 새 성전에서 입당예배를 드립니다.

본 교회 처음으로 출석하던 날 목사님께서 십
년 안에 광주에서 제일 큰 교회를 이룰 겁니다
라고 선포하신 말씀이 이루어졌습니다. 본
교회 목사님은 언제나 말씀과 기도로 뜨거웠고
영혼구원의 사명과 신유의 능력도 강하셨고
언제나 성령충만 하셨습니다. 교회 구 성전에
있는 목사님 사택을 방문한 적이 있었습니다.
햇볕도 잘 들어오지 않는 곳에 빨래 건조대가
있었고 선풍기는 얼마나 오래됐는지 덜렁덜렁
잘 돌아가지도 않았습니다. 어떤 목사님들은

좋은 집에 고급차에 예수 믿는 사람들은 잘 살아야 된다고 말씀하셨지만 이런 목사님과는 비교되는 실생활에서도 무척이나 검소한 모습을 보았습니다.

목사님의 기도와 성도들의 헌신으로 이처럼 아름다운 새 성전에서 예배를 드리니 하나님께 감사했습니다.

아프리카에서 선교 사역을 하시는 선교사님께서 본 교회를 방문하셨는데 아프리카의 중심에 있는 콩고 민주공화국에 있는 루붐바시에 기독교 신학대학교를 세우려 하시지만 재원이 부족하여 하나님 앞에 부르짖으며 기도하신다고 하셨습니다. 나는 세계선교와 주님의 재림에 대해 관심이 아주 많았고 주님의 재림에 관한 책들과 주님께서 오시기 직전 말세에 관한 많은 책들을 읽었습니다. 나는 사망과 무덤의 권세를 깨고 이땅 위에 모든 사람들을 구원하실 주님의 재림을 고대했습니다. 주님께서 재림하시려면 땅 끝까지 복음이 전파되어야 하는데 기독교 방송에 출연하셔서 현지 선교 보고를 하시는 선교사님께서 말씀하시기를 2020년이 되면 땅 끝까지 복음이 전파된다는 말씀을 하셨습니다.

나는 이러한 미전도 종족에 선교할 수 있도록 많은 재물로 축복해 주실 것을 기도했습니다. 아프리카의 복음화를 감당할 기독교 신학대학교를 위하여 어려운 가운데 진실로 선교 헌금을 올려 드렸습니다. 그 당시 프로야구 선수 중에 연봉 1억원 이상을 받는 선수는 열 명 중에 세 명이라는 말을 누군가에게 들은 적이 있었습니다. 나는 사업을 시작한 지 3년 만에 연봉 1억 원을 달성했습니다. 나는 아파트를 일 년에 한 채씩 삼 년 만에 3채를 사들였고 제주도의 과수원과 함께 다른 부동산들도 축복해주셨습니다.

나는 장사와 전혀 어울리지 않는 사람입니다. 그렇지만 어려운 가운데 믿음으로 십일조, 건축헌금, 선교헌금을 드렸더니 하나님께서 누르고 흔들어 넘치도록 안겨 주셨습니다.

예언 기도

본 교회 부흥성회 강사로 오신 목사님을 모시고 식사 대접을 한 적이 있었습니다. 아직 부족한 것이 많은 청년이었음에도 불구하고 나와 함께 해주셨습니다.

나는 당시 짝사랑하던 사람이 있었는데 믿지 않는 사람과 멍에를 매지 말라는 말씀보다 그 사람이 너무 좋았습니다. 그래서 나는 당시 베스트셀러였던 시집 속에 깨알 같은 손 편지를 써서 내 마음을 담아 고백했지만 그 사람은 이미 좋아하는 사람이 있다며 거절하였습니다.

목사님이 나를 보시더니 '얼마 전 여자가

가버렸군' 이러시며 나에게 다시 말씀하시기를 '주의 종 생각해 보았나?' '아니요 저는 절대 생각해보지 않았습니다.' 말씀을 드렸더니 '사명이 있으면 안 죽어' 밑도 끝도 없이 이렇게 말씀하셨습니다.

내가 내 모습 볼 때에 주의 종은 어림없었고 나는 많은 돈을 벌어 선교와 구제 사명을 감당하고 싶었습니다.

단잠을 이루고 있던 어느 날 새벽녘 꿈에 어딘가에 내가 서 있었고 나보다 몸짓이 커 보이는 개구리가 내가 어려서 타 보았던 스카이 콩콩을 타고 성큼성큼 나에게 돌진하더니 나에게 빨려 들어왔습니다. 내 앞에서 교구 전도사님이 내게 돌진해 들어오는 개구리를 보고 야구 방망이로 힘차게 돌렸지만 그 방망이를 점프하여 나에게 들어왔습니다. 나는 무언가가 내 몸에 빨려 들어오는 느낌에 당시 엎드려 자고 있는 내 목이 들리며 깊은 잠에서 깨어났습니다.

교구별 지역에서 드리는 구역예배를 두 달에 한번 씩 우리 집에서 드렸습니다. 내가 퇴근하고 예배 시간이 맞는 날에는 함께 예배를 드릴 수 있었고 나는 자연스럽게 교구 전도사님이하 집사님들과 교제를 나누었습니다. 특히 전도사님은 내가 어렵고 힘든 일이 있을 때면 언제나 중보기도를 부탁했으며 교회 생활과 영적으로 침체기에 있을 때에도 묵묵히 주님만 바라보고 기도할 것을 권면하셨고 바쁘신 가운데에서도 심방을 요청하면 언제나 찾아와 기도해 주셨습니다. 그런 가운데 교회에 다니지 않던 가족들하고도 가까워졌습니다.

전도사님과 친분이 있는 목사님 집회에 초청되어 집회를 마치고 목사님과 상담하는 가운데 나를 보시고 기도하시더니 내게서 귀신을 부르는 향내가 진동을 한다고 하시며 내 주위에 어둠의 영들이 떠나지 않고 머물고 있으니 기도로 물리치라고 하였습니다. 할머니는 나에게 장차 제사상을 차려줄 손주라며 기대를 가지셨고 나의 이름을 지을 때도 유명한 작명소를 찾아가 이름을 지었으며 사월 초파일이 되면 절에 가서서 불을 밝혔으며 무당에게 찾아가 점을 치고 부적도 받아 오셨습니다. 무당이 말하기를 '이 아이를 나에게 주어 양아들로 삼게 하면 내가 모시는 신에게 복을 빌어 준다.'고 하였습니다. 할머니는 이 제안을 받으셨고 한동안 나를 데리고 무당집에 찾아가 무당집에 있는 귀신의 우상에게 절하고 기도를 한 적도 있었습니다. 이처럼 무당의 말에 순종하고 귀신의 소리에 귀 기울이며 살았던 모습을 그 목사님은 정확히 꿰뚫고 계셨습니다.

조상 대대로 믿지 않고 우상을 섬기다 처음으로 예수님께 돌아온 믿음의 1대는 악한 귀신들에게 휘말려 때로는 집안이 망하고 병들어 죽을 수도 있다고 하셨습니다. 또한 조상귀신으로 나타나 훼방하는 일도 있으니 믿음으로 끝까지 승리하라고 하셨습니다.

어느 날 나의 신앙생활에 많은 영향을 주었던 전도사님이 교회 개척을 위하여 교회를 사임한다는 소식을 들었고 나도 여기에 동참하려 했으나 끝내 하나님께서 허락하지 않으셨습니다. 나는 개척교회에 쓰일 교회 용품을 헌신하였고 주님이 쓰시는 교회로 부흥하기를 기도했습니다.

개구리 영이 나에게 빨려 들어온 그날 이후 나는 밤낮으로 잠을 이루지 못했고 하루 이틀 한 달 두 달이 지나도 잠을 잘수 없었습니다. 사람들에게서 너는 유난히 잠이 많다는 소리를 들었고 제발 잠을 덜 잘 수 있으면 좋겠다는 생각도 했었는데 잠을 이룰 수 없는 것이 이처럼 극심한 고통인줄

몰랐습니다.

나는 서울에 위치한 국내 유명 수면센터에 찾아가 머리와 온몸에 센서를 부착하고 밤새 수면검사를 하였습니다. 다음 날 의사는 내게 결과를 말해 주기를 무언가에 의해서 1초에 한 번씩 잠들지 못하게 깨운다고 말하며 그 원인을 의학적으로 설명할 수가 없다고 말했습니다. 그러나 밤새 잠들 수 없었던 원인은 바로 나에게 빨려 들어온 개구리의 영이었습니다.

아무것도 없는 무일푼이었던 내가 수년 만에 많은 부동산을 얻었고 지방에 많은 거래처를 확보하였던 나는 어느 순간 내가 잘나서 이 모든 것들을 이룬 것처럼 교만과 오만이 나를 지배하게 되었습니다. 결국 나는 세상 사람들과 어울리기 시작했고 술자리나 유흥업소에도 출입하였으며 사업상 어쩔 수 없었다는 변명을 해보지만 그것은 죄였습니다. 밤새 잠을 못 이룬다는 소식을 어디서 들으셨는지 성가대를 하시는 권사님이 나를 찾아 오셨고 나는 권사님의 권면을 받아 성가대에 들어갔습니다.

성가대 활동을 수개월째 이어오던 어느 날 나는 평상시와 마찬가지로 성가대석에 앉아 예배 준비를 하고 있었습니다. 예배 중 대표기도 순서가 되어 장로님께서 대표기도를 하시는 가운데 장로님께서 기도하시는 평상시와 조금도 다를 것이 없는 평범한 기도였지만 그 기도 소리의 한마디 한마디는 비수가 되어 나의 가슴에 꽂히고 있었고 나의 눈에는 내가 주체할 수 없을 정도로 눈물과 콧물이 쏟아지고 있었습니다. 그것은 내가 방언체험을 하며 느꼈던 은혜와 동일하게 스스로 멈추려 해도 멈추어지지 않는 나의 의지와는 상관이 없었습니다.

바로 그날 밤 꿈 이야기입니다. 아주 잔잔한 호숫가에서 낚시를 하는 가운데 나보다 몸짓이 두 배는 커 보이는 눈이 부실 정도로 아름다운 물고기를 잡았습니다. 나는 이렇듯 아름다운 물고기를 감당할 수가 없어 뒤돌아 가는데도 불구하고 물고기는 사람이 서서 걸어오듯이 나에게 환한 미소를 지으며 나를 계속해서 따라왔습니다. 나는 물고기를 향해 더 이상 따라 오지 말라며 손짓을 하였지만 어찌된 일인지 계속해서 나를 따라오는 물고기를 보며 잠에서 깨어났습니다.

나는 하루에 3시간, 40일 작정기도를 결단하였고 새벽
예배를 마치고 한 시간을 채우며 기도했고 퇴근 후에는
2시간을 넘어 철야기도를 한 적도 있으며 나라와 민족을 위해
본교회와 본 교회 목사님을 위해 그리고 나 자신을 위해 기도
했습니다.

만남과 헤어짐

　이제 나도 서른이 넘어 혼기가 차올랐습니다. 짝사랑 하던 사람에게 거절당한 후 나는 오로지 일과 집 그리고 교회에 헌신하였습니다. 나를 어려서부터 보아온 목사님께서 청년회 활동을 권면하셨습니다.

　나는 군대를 제대하고 사업을 시작한 이후 청년회 활동을 중단했는데 목사님께서 이런 나의 모습을 보시고 안타까워 하셨습니다. 목사님께서 나에게 주시는 말씀의 뜻은 같은 청년들끼리 서로 교제하며 신앙생활 또한 더욱 성숙해지며 앞으로 믿음으로 일생을 살아갈 좋은 배우자도 찾아보라는 말씀인 것을 나는 너무 잘 알고 있었습니다. 하지만 그 당시 내 주위에서는 나와 같은 사업을 하는 청년들은 찾아볼 수가 없었고 이런 나의 삶을 함께 이해하고 공유할 만한 그 누구도 없었습니다. 어딜 가나 나는 젊은 사장님이란 소리를 들었고 내가 만나는 사람들은 언제나 한 업체의 대표들이었으며 이런 이유들로 인하여 나는 청년보다는 장년과의 교제가 더 어울렸습니다. 목사님 말씀에 순종하지 못하고 또래 청년들보다 앞서 있다는 교만 속에 장차 나에게 다가올 인생 최대의 실패는 이미 예견되어 있었습니다.

믿음이 신실하다는 소개와 함께 맞선이 들어왔습니다. 나는 얼마 후 만나게 될 그분을 위해 몇일을 기도했습니다. 믿음이 신실하고 내가 바라는 현모양처형에 여기에 외모까지 갖추었기를 기도했습니다.

맞선보기 전날 밤 꿈에 집채만 한 돼지가 얼굴에 화장을 하고 머리에 머리띠를 한 것이 보였습니다. 다음 날 그분을 만났을때 교회보다는 자신이 하고 있는 세상일에 관심이 많은 것 같았습니다.

첫 번째 맞선을 뒤로하고 이번엔 양가 부모님과 한자리에서
맞선보는 자리였는데 아버지는 교회 장로님이셨고 어머니는
권사님이셨습니다. 그때 그분은 믿음도 신실했으며 외모도
갖추었습니다. 그런데 인연은 따로 있나 봅니다. 우연히 교회
집사님을 만났는데 자신의 여동생과 선을 보라 하셨습니다.
본 교회 출신이기도 했지만 가족들도 좋아하여 나는 결혼식을
거행하였습니다. 나는 아이를 매우 좋아해서 될 수 있으면
자녀는 많이 낳아서 그렇게 북적북적 살고 싶었습니다.
그런데 어디에서 무엇이 잘못된 것인지 나는 이혼을 선택
하고 말았습니다. 인생을 사는 의미를 잃어 버렸고 특히나
이혼이라는 단어는 나에게 수치스러웠습니다.

주일 예배를 제외한 모든 공예배는 이제 나에게 사치가
되었고 십일조를 비롯한 모든 헌금이 끊어졌으며 하나님이
원망스러웠습니다.

어머님 소천

나의 방황에 누구보다 눈물 흘리셨던 어머니, 때로는 좋은 아버지였으며 때로는 좋은 선생님 이셨고 때로는 좋은 친구였으며 나의 믿음의 동역자로서 언제나 함께 계셨던 어머니, 생각만 해도 눈물이 납니다.

건강하시던 어머니께서 갑자기 왼쪽 옆구리 통증을 호소하셨는데 병원 검진 결과 폐암 말기 판정을 받으셨습니다.

담당 의사가 내게 말하기를 지금 이대로라면 3개월을 넘기기가 어렵다며 한 가지 조금이라도 연장할 수 있는 방법은 신약을 투여하는 방법이 있는데, 하루에 아침 저녁으로 두 번 먹는 조그만 알약이 한 달을 먹으면 약값이 천만 원 이상 하는 고가의 항암제라고 말하며 한번 먹으면 중단할 수 없고 10개월을 연속으로 먹어야 한다고 말했습니다.

나는 담당 의사에게 말하기를 그까짓 돈이 사람의 생명 앞에 무슨 소용이 있냐며 당장 시작하라고 말했습니다. 그러나 그 항암제는 100명에게 투여하면 3명만이 나타난다는 폐 섬유화라는 부작용으로 복용하신지 2주일 만에 끝내 소천하시고 말았습니다.

마지막 임종의 순간 나를 보시던 어머니의 눈빛은 지금 이 시간에도 나는 잊을 수가 없습니다. 어머님이 병상에 누워 계실 때는 물론 의식을 잃고 소천하시기 전까지 나는 보혈 찬송을 계속하여 듣게 했으며 흰옷 입은 천사가 오면 천사를 따라 세상에서의 모든 것 훌훌 벗어 버리고 기쁜 마음으로 천사를 따라 가실 것을 어머니 귓가에 계속해서 되뇌어 주었습니다. 소천하시기 십분 전 비교적 먼 거리인 병원에 정말 우연히 방문해 주신 본 교회 사모님과 전도사님과 권사님의 기도와 찬송 소리도 함께 들으며 소천하셨습니다.

장례식장에서 입관할 때에 어머님의 얼굴을 마지막으로 보았는데 병원에서 고통에 힘겨워 괴로워하시던 얼굴은 사라지고 미소가 지어져 있는 얼굴 표정을 보았습니다. 집안 그 누구도 예수를 믿지 않았었고 그 가운데 나마저 예수를 믿지 않았다면 어머니는 분명 외할머니처럼 저승사자에 이끌려 지옥으로 갔을 텐데 라는 생각을 해 보았습니다.

서른셋에 남편을 잃고 우리를 이렇게 기르시고 세상에서 갖은 고생을 하셨는데 돌아가셔서까지 지옥으로 가셨다면 정말 세상에서 가장 불쌍한 인생일거란 생각도 해보며 이처럼 웃는 모습으로 천국에 가셨으니 그 많은 불효 중에 단 한 가지라도 효도한 것이 있어 나는 위안이 되었습니다.

장례식을 치르기 위해 일가 친척분들이 모이셨습니다.

친가와 외가는 모두 유교 불교 집안이며 예수를 믿는 사람들은 어머니가 소천하시므로 이제 나 혼자입니다. 나는 기독교 형식으로 장례를 치른다고 말했습니다.

친가 쪽에서 말씀하시기를 '너 어머니 살아 계실 때는 너 어머니가 제일 어른이시라 교회 형식으로 했지만 이제 돌아가셨으니 어른인 우리말을 들어 다오' 외가 쪽에서 말씀하시기를 '왜 너 입장만 생각하니?' 왜 우리는 배려해 주지 않느냐고 나를 다그칩니다. 어머니께서 병원에서 투병하실 때 물을 금식하셨기에 갈증에 시달리는 모습이 생각났는지 막내 이모가 컵에 물을 따르더니 어머니 사진 앞에 가져다 놓는 것을 보았는데 나는 그 컵을 가져다가 밖으로 쏟아 버렸습니다. 그것은 귀신에게 바치는 물 잔입니다.

이 광경을 본 일가친척들은 기가 찼는지 주저앉아 버리는 분도 계셨습니다.

입관식날 어머니 모습을 마지막으로 보기 위해 장례식장 지하에 있는 입관식장으로 내려갔습니다. 깜깜하던 유리벽 뒤로 불이 켜지자 침대 위에 머리끝에서 부터 발끝까지 흰 천에 덮여 누워 있는 모습이 보였습니다. 입관하는 사람이 흰 천을 내리자 영혼이 떠나버린 어머니 시신의 모습이 보이니 주체할 수 없는 눈물이 쏟아졌고 나 홀로 나즈막한 목소리로 '잠시 세상에 내가 살면서'의 찬송과 '며칠 후 며칠 후 요단강 건너가 만나리'의 찬송을 번갈아 부르며 눈물을 쏟아내자 이모들이 내게 말하기를 어머니 얼굴에 눈물이 닿지 않게 하라며 눈물이 닿으면 자손들이 걱정이 되서 이승을 떠나지 못한다고 했습니다.

그러면서 어머니 옷에 돈을 넣어 주시며 저승 가는 길 노자돈 하라고 하는 말이 내 귓가에 들려오자 나는 돈을 들어 땅으로 던져버렸습니다.

그렇게 입관식을 마치고 금요일 날 소천하셨으나 주일날 발인할 수 없으니 월요일에 발인해야 되겠다고 선언했습니다. 그런데 모두들 삼일장을 치르고 돌아갈 예정이었기에 나를 보고 울분을 참지 못해 '너가 그까짓 교회 다니고 예수에 미치더니 이혼해서 너 엄마 가슴에 못 박고 그것이 암이 되어 돌아가셨잖아' 그렇게 모든 원망이 나에게 돌아왔고 갖은 모욕적인 소리를 온몸으로 받아내었습니다.

어머니께서 소천하시기 전 나에게 부탁하시기를 시골 묘지에 있는 아버지를 자신 곁으로 이장해 달라는 부탁을 하셨습니다.

집안에서는 작은 어머니가 암으로 투병 중에 있었기 때문에 집안에 아픈 사람이 있으면 산 일을 하지 않는다며 나를 만류했으며 용한 점쟁이에게 찾아가 물어보니 이장 잘못하면 젊은 사람도 푹푹 스러진다며 하지 말라고 하였고 나중에 시기가 되면 신령님이 점지해 주는 좋은 날을 받아서 해야 한다고 내게 말했습니다. 나는 이런 귀신이 지껄이는 일고에 가치도 없는 소리를 귀담아 들을 필요가 없으며 설사 귀신이 나를 죽인다 하여도 차라리 죽음을 택할지언정 나와는 상관없는 소리라고 여겼습니다.

집안에서는 내가 예수에 미쳐 있는 것을 알기에 더 이상 나를 설득시킬 수 없었으며 내게 말하기를 교회 다니는 사람도 이런 큰 일을 할 때는 점집에 물어보고 한다는데 유별나다는 비아냥도 함께 들었습니다. 나는 곧바로 날짜를 잡았고 이장 당일 날 아침 아버지 묘소에서 일가들을 만났고 작은 아버지 두 분이 마지막으로 인사를 드리고 술을 올리고 싶다고 하여 나는 한쪽으로 물러나서 아버지 묘소 쪽을 바라보니 작은 아버지 두 분이 나란히 서서 절을 하는 모습이 보였습니다. 내가 일곱 살에 아버지는 돌아가셨고 나는 일곱 살 먹은 어린 상주가 되어 상복을 입고 흙을 세 번 떠서 아버지 관위에 뿌린 것이 생각났으며 삼십 년이 지난 지금 내가 내손으로 묻었던 아버지를 다시 찾아 어머니 옆으로 나란히 안치해 드렸습니다.

이장을 마치고 한 달 정도 지난 어느 날 꿈에 하나님께서 그때 그 모습 그대로 찍어 놓으셨습니다. 작은 아버지 두 분이 그때처럼 두 분이 나란히 서서 절을 하는 모습이 보였고 느글느글하고 음흉한 웃음을 보이며 말하기를 "내가 여기서 오래 살았는데"

내가 절대 귀신의 법에 따르지 않고 귀신의 장난에 속지 않았음을 하나님께서 또다시 꿈으로 보여 주셨습니다.

이민 생각

아무것도 모른 채 방에 누워 곤히 자고 있는 아들의 모습을 바라보니 눈물이 나옵니다. 다른 아이들처럼 엄마, 할머니 품에 안겨 잠들 수 없는 현실이 원망스러웠습니다.

장례식후 나의 풍요로운 시절 언제나 내 곁에 머물러 주었던 나의 가족들 그리고 일가친척들 이제 모두 내게서 등을 보입니다. 나의 이혼과 어머니의 돌아가심, 이 모든 책임이 나에게 돌아왔고 이제 생후 6개월 된 아이와 함께 홀로 남겨진 나의 초라한 모습들과 더불어 장례식장에서 보여주었던 일방통행식의 나의 이기적인 모습들로 인해 한동안 아니 아주 오랫동안 내게서 등을 보일 것입니다.

모두 떠난 지금 나를 보며 활짝 웃는 아이의 모습을 보니 잠시나마 행복함을 느낍니다.

집에 임대 들어 사시던 분 중에 호주에서 이민 생활 하시다 오신 분이 계셨습니다. 나와 같은 또래의 여자분이셨는데 몸이 좋지 않아 요양차 친정이 있는 광주에 오셨다고 합니다.

나는 신유의 능력이 강하신 목사님의 방문과 함께 본 교회 출석을 권면했습니다. 어깨 통증에 시달리셨던 어머니의 고침 받은 일과 더불어 이북에서 피난 내려온 성도님이 술과 담배를 즐겨하시다 중풍병 판정을 받으셨고 본 교회에 출석하고 있는 아내분의 권함을 받아 신유집회에 참석했는데 목사님의 안수기도를 받고 집에 돌아가 있는 어느 날 예수님께서 빛으로 찾아오셔서 말씀하시기를 '너는 나의 제자 박영우의 안수로 나은 애니아 니라' 이렇게 말씀하셨으며 애니아는 사도행전에 나와 있는 중풍병자로 베드로에게 고침 받은 사람의 이름입니다.

또한 전대병원에서 암 진단을 받으신 분이 목사님 기도를 받고 다음 진료 받는 날 병원에 가서 씨티를 찍어보니 암덩어리가 온데간데없이 사라졌다는 간증을 말해 주었습니다. 그러나 그분은 나의 제안을 거절하셨습니다.

이분은 호주에서 유대교 교회를 다니시기는 했으나 세상 모든 종교에도 구원이 있다는 것을 믿는 종교다원주의였습니다.

내가 병원에서 퇴원하고 얼마 안 되어 이 분에게 연락이 왔는데 위암 말기였던 자신의 상황이 급격히 악화되어 가족이 있는 호주로 급하게 가신다는 것입니다. 그리고 얼마 안 되어 돌아가셨다는 소식을 들었습니다.

그때 좀 더 강력히 교회 출석을 권면하여 오직 예수님 외에는 구원이 없다는 복음을 전했더라면 천국에 가셨을 텐데 하는 아쉬운 생각을 해보았습니다.

나는 이 모든 상황이 너무나도 싫었고 엎친데 덮친 격으로 계속해서 나에게 찾아오는 고난은 나를 벼랑 끝으로 내몰았고 나의 초라한 모습을 바라보는 사람들의 시선도 따가웠으며 내 인내심은 한계를 넘어서고 있었습니다.

내가 평생을 살았고 나의 고향이며 나의 모교회가

있으며 나의 삶의 모든 흔적이 묻어있는 광주에 오만 정이 떨어져 더 이상 머물고 싶지 않았으며 아니 이곳이 이제는 무서워졌습니다. 나는 어디론가 도망가고 싶었고 그 피난처로 뉴질랜드 이민을 결심하였는데 이런 나를 보고 현실 도피라며 만류하는 분들이 많았지만 나는 더 이상 한국에 머물고 싶지 않았습니다. 마침 현지 사정이 밝은 이 분 생각이 나서 조언을 구했고 이 분이 소개해 주었던 현지 분들과 통화를 통해 현지 사정과 정보를 수집하였습니다. 그리고 서울에 이민 박람회도 참석하여 이민을 준비하였습니다.

더불어 여러 사정으로 인하여 이민이 여의치 않으면 몇 해 전 사두었던 제주도 과수원 땅에 조그만 집을 짓고 이사하려는 계획까지 동시에 생각하였습니다. 나는 나의 삶이 너무 괴로워 견딜 수 없었고 아무도 모르는 곳에서 조용히 살고 싶었습니다.

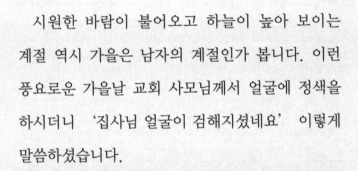

입원

시원한 바람이 불어오고 하늘이 높아 보이는
계절 역시 가을은 남자의 계절인가 봅니다. 이런
풍요로운 가을날 교회 사모님께서 얼굴에 정색을
하시더니 '집사님 얼굴이 검해지셨네요' 이렇게
말씀하셨습니다.

나는 하루 한 끼 그것도 식당 밥으로 때우곤
했으며 햇빛을 보고 일을 해야 하는 때도 있었기에
그러므로 나는 생각하기를 어려운 상황 속에 균형
있는 식사를 못하였고 햇빛에 그을려 일시적인
거라 생각했습니다. 나는 여전히 신앙을 회복하지
못한 채 하나님을 원망하고 불평하였으며 기도

생활과는 담을 쌓았고 교회 헌신과 봉사는 이제 남의 얘기가 되었습니다. 항상 말하기를 죽고 싶다는 말을 입에 달고 살았으며 점점 내 입술에 일상화가 되었습니다. 하나님께서는 한마디도 흘려듣지 않으시고 마침내 나에게 보응하셨습니다. 그것은 나에게 허락된 나의 첫 번째 삶을 거두셨습니다. 아침에 일어나니 배가 조금 불러 있었습니다. 나는 음식을 잘못 먹어서 배에 가스가 찬줄 알았고 약국에서 소화제를 사먹고는 괜찮아 지려니 했습니다. 그러나 다음날이 되고 그 다음날이 되어도 줄어들지 않았고 조금씩 더 차오르기 시작했습니다. 더 이상 견딜 수 없어 집 앞 병원을 찾았는데 배에 복수가 찬 것 같으니 큰 병원으로 가보라고 했습니다. 나는 순간적으로 올 것이 왔다는 생각을 했고 어머니처럼 이번에 병원에 들어가면 다시는 나오지 못할거라는 생각이 들었습니다. 죽음의 그림자가 내게 엄습해 오는 것이 느껴졌습니다.

겨울이 지나고 봄비가 내리는 3월 20일 오후 나는 전남대학교 응급실로 향하고 있었고 차창 밖으로 쓸쓸히

내리는 봄비를 내년에도 볼 수 있을까 라는 생각이 나의 영혼을 지배하였습니다. 응급실 침대에 누워 각종 검사를 마치고 병상에 누워 초조한 마음으로 결과를 기다렸습니다. 한참을 지나 응급실 담당 의사가 내게 말하기를 간경화로 인해 배에 복수가 찼으며 복수가 심하여 폐에까지 넘어가 흉수까지 찼다고 말했습니다. 죽음의 공포 속에 서둘러 배에 차있는 복수를 빼 내었고 마치 아이를 가진 산모처럼 불렀던 배가 쏙 들어 갔지만 하루가 지나가기 전에 금새 다시 차올랐습니다.

나는 응급실에서 삼일을 보낸 후 입원실로 올라 왔고 간호사는 병원에서 주는 음식 외에 다른 음식들은 금하라고 말했습니다. 이틀 동안 피검사를 비롯한 씨티와 각종검사를 하였고 삼일을 지나 담당 주치의가 내게 찾아와 말하기를 심장이 정지하듯 간이 그 기능을 정지하면 돌아가신다고 말했습니다. 그 시간은 당장 오늘 저녁에라도 돌아가신다고 해도 전혀 이상할 것이 없다고 말했고 한 가지 희망은 간이식을 하는 방법이 있는데 시간이 너무 없다고 말했습니다. 그리고 먹고 싶은 음식이 있으면 조금씩 먹어도 된다고 했으며 가족들에게 마음의 준비를 하고 있으라는 말을 남겼다고 합니다.

어느 정도 예상은 했지만 예상보다 너무 빠른 갑작스런 의사의 말에 가족들은 어떻게 장례를 치를 것인지도 의논했다고 합니다. 사실상 사망선고를 받은 나는 '내가 이렇게 죽는구나!'라는 생각에 터져 나오는 눈물과 함께 아이의 얼굴이 떠올라 오열했으며 내 인생의 지난날들이 주마등처럼 스쳐 갔고 내가 미워하며 살았던 사람들의 얼굴이 떠올랐습니다. 하나님 이 사람들에게 용서를 구할 단 며칠의 시간만이라도 내게 달라고 기도했습니다. 3월 29일 나는 유언장을 작성했고 더불어 내가 타던 차들과 내가 입던 옷들과 세간들까지 나의 흔적이 묻어 있는 모든 것을 정리해 줄 것을 부탁했습니다.

병원 교회에서 사역하시는 목사님께서 내가 누워 있는 병실로 찾아 오셨습니다. 어머니께서 투병하시던 병원에 목사님께서 어머니가 입원해 있는 병실에 찾아오셔서 기도해 주셨던 생각이 났습니다. 목사님은 나에게 예수를 믿느냐고 물으셨고 나는 믿는 사람이라고 말씀 드렸더니 나의 머리에

손을 얹고 기도하시기를 주님의 능력으로 치료하셔서 깨끗하게 회복할 수 있게 해달라고 기도해 주셨습니다.

사망선고를 받은 나의 눈에는 뜨거운 눈물이 흐를 뿐 더 이상 어떠한 기도도 할 수 없었고 죽음의 사투를 벌이고 있는 나에게 기도와 위로의 말씀을 주시는 목사님께 감사했습니다. 3월 31일 나는 상태가 급격히 악화되어 중환자실로 내려갔고 나의 입원 소식을 들으신 담임 목사님께서 깜짝 놀라신 모습으로 내가 입원해 있는 중환자실로 찾아오셔서 사망선고를 받고 망연자실해 있던 나의 손을 잡으시고 나의 머리에 손을 얹고 기도해 주셨습니다. 불안에 떨고 있는 나를 안심 시키시고 말씀하시기를 사명이 있으면 안 죽어 사명 있으면 안 죽어를 연달아 말씀하셨습니다.

나의 청년시절 본 교회 부흥집회에 오셔서 식사대접을 해드렸던 목사님과 똑같은 말씀을 하고 계셨습니다. 성령님은 나의 청년 시절에도, 사망선고를 받고 중환자실에서 벌벌 떨고 있는 지금 이 순간에도 똑같은 말씀으로 변함없이 나를 보고 계시고 나에게 말씀하고 계셨습니다.

4월 2일 나의 입원소식을 들은 분들 중에 내게 간 이식을 해주겠다며 세분이 오셨습니다. 하지만 비혈연간 간 이식은 법적 절차에 따라 한 달의 시간이 소요된다고 하였고 의료진은 내게 단 일주일도 주지 않았습니다.

4월 3일 병원장기이식센터에 응급 뇌사자 장기이식을 신청하였지만 당장 오늘밤이 될지도 모르는 나의 죽음 앞에 길게는 수년이 걸린다는 장기이식을 단 며칠 만에 나에게 가장 적합한 간을 기증 받는다는 것은 사실상 불가능한 일이었습니다. 병상에 가만히 눈을 감고 있는 나에게 주님께서 말씀 한구절을 생각나게 하셨습니다.

"내 아버지 집에 거할 곳이 많도다."(요 14:2)

병상에 가만히 누워 이 말씀을 수없이 되뇌이며 흰 옷 입은 천사를 기다렸습니다. 그렇지만 그건 나의 착각이었습니다. 말씀을 되뇌이고 있던 중 내 영혼에 큰 감동이 일어나기를 "왜 끝까지 기도하지 않느냐?"

하나님께서 나약한 인간들에게 보란 듯이 그 마지막 순간 나에게 기적을 행하셨습니다.

인간적으로 도저히 불가능한 나 자신도 의료진도 가족들도 세상 사람들도 모두 포기한 마지막 순간 내게 생명을 주셨습니다. 4월 6일 가족들이 급하게 나를 찾으며 말하기를 지금 목포에 뇌사자가 발생하여 그 가족들의 동의하에 내게 간을 기증하고 싶다는 연락이 와서 의료진이 급하게 목포로 출발하였다는 말을 해주었으며 단 조건은 그분의 간 상태가 나에게 이식이 적합할 만큼 아주 좋은 상태를 유지하고 있어야 한다고 했습니다. 4월 7일 아침 간호사가 내게 말하기를 오후에 수술 들어갑니다. 준비하세요.

오후 4시 나는 수술실로 향하고 있었으며 가족들은 혹시나 살아서 나를 보는 마지막 모습일 수 있어 근심어린 표정들이었습니다. 하지만 나는 하나님의 일하심을 믿고 기도하기를 하나님께서 의료진과 함께 하시어 수술을 성공적으로 마칠 수 있게 해달라고 기도했습니다.

잠시 후 '마취하겠습니다. 따끔하세요.'

이후 9시간 동안의 기억은 없으며 다시 깨어났을 때 온몸의 고통에 몸부림쳤으며 나의 사지는 무언가에 묶여 있음을 직감했습니다. 나는 곧바로 격리실로 옮겨졌고 간호사에게 시간을 물으니 2시라 했으며 이내 나는 잠이 들었습니다.

4월 8일 수술을 담당했던 의료진이 내게 찾아와 말하기를

'기적입니다.' 격리실에 누워 있는 나에게 의료진이 던진 첫마디였습니다. 힘든 수술을 예상했지만 다른 분들은 10시간 이상 걸리는 수술이 9시간 만에 끝났으며 상태도 매우 좋은 편이라고 하였습니다. 하나님께서 나의 기도를 들으사 의료진과 함께 해주셨습니다. 나의 수술을 집도하신 교수님은 믿음이 신실하신 분이셨고 인생의 끝자락에서 죽음의 공포에 떨고 있는 나에게 다시 회복할 수 있다는 희망을 이야기 하셨고 이런 나의 모습들을 안타까워하셨습니다. 뇌사자분의 간을 받으시러 친히 목포까지 가셨으며 수술 후 격리실에 있을 때도 매일 오셔서 나의 상태를 체크하셨고 나를 위로하셨습니다.

하나님께서 믿음의 교수님을 내게 붙이시고 교수님을 통하여 내게 새 생명을 주셨습니다. 수술 후 나흘 만에 입원실로 올라왔고 모든 수치는 정상으로 회복되었습니다.

의료진은 회복하고 있는 나에게 제일 먼저 손거울을 주어 나의 모습을 보게 하였습니다. 수술하기 전의 모습과 비교하여 확연히 좋아진 내 모습을 보며 기쁨을 감추지 못하였고 병원에서 나를 처음 보았던 의료진은 내 얼굴의

색깔은 마치 검은색 다시마와 같은 얼굴색이었다고 회상했습니다.

아프기 전 내 피부색은 비교적 하얀색 피부톤이었다고 하자 믿을 수 없다며 껄껄 웃었습니다. 입원하기 일 년 전 교회 사모님께서 내 얼굴을 보시고 검해지셨다고 하신 이후 나의 병세가 깊어지듯 나의 얼굴색도 더욱 진해져 갔고 비교적 갸름한 얼굴형이었던 나는 마치 귀신들려 저주 받은 사람처럼 얼굴 형태도 변하였습니다. 예전부터 나를 알고 지낸 분들은 몸이 어딘가 아픈가보다 그러시면서 병원에 가보라는 분도 계셨고 일 년 전부터 나를 처음 본 사람들은 원래 저렇게 생긴 것인지 어디가 아파서 그런 것인지 아니면 귀신들려 그런 것인지 구분하기 어려웠다고 합니다.

나는 생각하기를 유교 불교에 맹종하며 살았던 예수 믿기 전의 삶과 예수를 믿고 나서도 온전히 세상 것 끊지 못하고 세상에다 바라나 교회에다 바라나 말씀대로 살지 못하고 내 생각대로 죄 지으며 회개하지 못했던 지난날의 모든 죄의 모습들이 죽기 1년 전부터 내 얼굴에 그대로 표출된 것이라고 생각해 봅니다.

의료진이 내게 말하기를 '생일떡 돌리세요. 김영란 법이 아무리 무서워도 생일떡은 받아야겠습니다.'

전남대학교 병원 의료진은 내게 항상 친절했으며 나의 아픔을 위로해 주었으며 나를 어머니의 태처럼 품어 세상에 다시 태어나게 하였습니다. 별다른 합병증 없이 퇴원을 앞둔 나에게 교수님이 찾아와 말하기를 '모든 것이 하나님 은혜임을 잊지 마세요.' 얼마 전 우연한 기회에 들어 두었던 보험으로 고액의 치료비도 문제없이 감당할 수 있었고 하나님께서 나에게 축복해 주셨던 부동산들의 임대 수입으로 일할 수 없는 지금 어려움 가운데 생활을 이어나갈 수 있습니다. 여호와 이레의 하나님께서는 완벽하게 나의 고난을 예비하였으며 나에게 역사하신 하나님은 지금 이 순간 어떤 고난 가운데 있는 분들에게도 함께 하심을 나는 믿습니다.

2부

새 삶

   갓난아이가 세상에 나온 것처럼 모든 게 새롭고 설레입니다. 도로에 지나가는 차들도 바람에 흔들리는 나무도 저 멀리 보이는 산들도 모두모두 새롭습니다. 아침에 일어나 밥 먹는 것도 감사하고 내가 전에 하기 싫었던 일들도 즐겁게 할 수 있습니다. 거리를 지나다 전혀 모르는 사람과 대화해도 감사하고 전에 나와 불편했던 분들도 너무 소중하고 존귀합니다. 복음을 전하는 일은 하늘 길을 걷는 것처럼 감사한 건 하늘에서의 상급과 면류관 때문입니다. 하늘에 가난한 자였던 나에게 하늘에 나의 보물들이 하나 둘씩 쌓여감을 생각할 때 감사의 눈물이 흐를 뿐입니다.

사람이 끝났다고 말할 때 하나님께서는 시작하십니다. 우리가 절체절명의 순간 하나님을 붙들어야 하는 이유입니다. 나약한 인간에게 기적을 행하시므로 하나님의 살아계심을 인간에게 보게 하시고 영광을 받으십니다. 죽고 싶다는 말을 어느 순간부터 입에 달고 살았던 나에게 첫 번째 삶을 거두셨지만 곧바로 나의 두 번째 삶을 계획하시고 준비하셨습니다. 마지막 숨을 거두시며 자신이 가진 모든 것을 주고 가신 기증자 분은 예수님의 사랑을 내게 보여 주셨고 믿음의 의사를 내게 붙이셔서 나로 하여금 두 번째 삶을 허락하셨습니다.

2017년 4월 7일 나의 새로운 생일, 이제 6개월이 되어 갑니다. 이 시간 숨 쉬고 있음에 감사하고 어리석었던 나의 첫 번째 삶을 회개하고 다시금 주어진 나의 두 번째 삶에 또다시 그 끝자락에 섰을 때 하나님 앞에 이 시대를 나와 같이 살아가는 사람들 앞에 부끄럽지 않은 삶이 되기를 기도합니다.

루시퍼

이스라엘 사람들이 구분하는 하늘은 우리가 눈을 들어 바라볼 수 있는 푸른 하늘을 첫째 하늘이라 칭하며 우리가 볼 수 있는 해와 달과 별을 넘어 끝없이 펼쳐진 인간이 감히 범접할 수 없는 우주를 둘째 하늘이라고 칭한다.

'내가 묘성을 매어 묶을 수 있으며 삼성의 띠를 풀 수 있겠느냐 너는 별자리들을 각각 제 때에 이끌어 낼 수 있으며 북두성을 다른 별들에게로 이끌어 갈 수 있겠느냐 네가 하늘의 궤도를 아느냐 하늘로 하여금 그 법칙을 땅에 베풀게 하겠느냐' (욥기 38:31-33)

묘성은 지구로부터 410광년 떨어진 곳에 수많은 별들이 매혹적인 모습으로 무리를 이루고 있는 성단으로 페르시아인은 이 별무리의 모양을 진주 꽃다발 혹은 진주 목걸이로 비유하였으며, 헬라어로 "플라이아도스"는 흩어져 있는 여러 개의 별이 무리를 이뤄 덩어리져 있는 상태를 가르키는데 이 별들을 하나하나 떨기할 수 있겠느냐고 욥에게 묻고 있다. 오리온자리의 허리띠로 알려진 삼성은 우리나라에서는 세쌍둥이 별이라 불렸으며 중국에서는 세별이 있다 하여 삼성 또는 삼수라고 불리우기도 하였다. 이런 삼성이 풀려 있는 개개의 별이라는 사실을 현대 과학에서도 불과 몇백 년 전에 밝혀졌던 우주의 비밀이 3500년 전인 청동기 시대의 성경에 기록되어 있다. 우주를 설계하시고 직접 만드신 창조주 하나님이 아니고서는 절대 기록될 수 없는 일이다.

셋째 하늘은 하나님과 하나님 우편에 앉으신 예수님 그리고 천사들이 거하는 하늘이라고 한다. 사도 바울은 셋째 하늘

체험을 이렇게 묘사하고 있다.

'내가 그리스도인의 한 사람을 아노니 그가 십사 년 전에 셋째 하늘에 이끌려 간자라 (그가 몸밖에 있었는지 몸 안에 있었는지 나는 모르거니와 하나님은 아시느니라)'(고전 12:2)

천사는 영의 존재로 사람과 같지 않을 뿐만 아니라 물질적 자연적 조건들에 의하여 제약을 받지 않으며 아무런 자연의 수단을 사용하지 않고도 상상할 수 없을 정도의 속도로 다닐 수 있다. 천사들은 불멸의 존재로 죽음에 굴복하지 않으며 천사들은 순수한 영물이지만 인간의 감각을 인지할 수 있도록 인간의 형상을 취할 때도 있다.

'저녁때에 두 천사가 소돔에 이르니 마침 롯이 소돔 성문에 앉아 있다가 그들을 보고 일어나 영접하고 땅에 엎드려 절하며 이르되 내 주여 돌이켜 종의 집으로 들어와 발을 씻고 주무시고 일찍이 일어나 갈 길을 가소서 그들이 이르되 아니라 우리가 거리에서 밤을 새우리라. 롯이 간청하매 그때서야 돌이켜 그 집으로

들어오는지라 롯이 그들을 위하여 식탁을 배풀고 무교병을 구우니 그들이 먹으니라.'(창세기 19;1-3)

천사들은 자신들이 맡은 사명을 지체 없이 수행하며 천사들의 최고의 활동은 하나님을 예배하는 것이다. 천사들의 지능은 인간들보다 뛰어나다. 어떤 이는 "천사들의 지적 개념은 우리들의 것보다 훨씬 광범위하기 때문에 천사의 마음속에 단 하나의 개념이라고 할지라도 우리들은 일생을 통하여 연구하여도 겨우 알 수 있을 정도이다." 라고 생각하였고 하나님을 위하여 따로 구별되어 있는 존재들이기 때문에 그들은 거룩한 천사들이다.

천사는 히브리어로 임무를 수행하는 자 그리스어로 사자를 의미한다. 하나님의 뜻을 수행하며 호위하는 하나님께서 부르시는 영의 피조물이다. 성경은 천사들의 수는 매우 많으며 그 힘은 강력하다고 말한다. 성경 창세기에 소개된 생명나무의 길을 지키게 한 천사로 그룹과 두루 도는 화염검이 있다.

'이같이 하나님이 그 사람을 쫓아내시고 에덴동산 동쪽에
그룹들과 두루 도는 화염검을 두어 생명나무의 길을 지키게
하시니라.' (창세기 3:24)

이사야서에 소개된 스랍천사는 불타는 자라는 뜻으로
히브리어로 싸라프 라고 발음하며 불뱀이라고 표현하기도
하는데 성경 속에 그의 모습을 비교적 상세하게 묘사하고
있다.

'웃시야 왕이 죽던 해에 내가 본즉 주께서 높이 들린 보좌에
앉으셨는데 그의 옷자락은 성전에 가득하였고 스랍들이 모시고
섰는데 각기 여섯 날개가 있어 그 둘로는 자기의 얼굴을 가리었고
그 둘로는 자기의 발을 가리웠고 그 둘로는 날며 서로 불러
이르되 거룩하다 거룩하다 만군의 여호와여 그의 영광이 온 땅에
충만하도다 하더라'(이사야서 6:1-3)

천사들 가운데는 그룹과 스랍과 같은 특별한 임무를
수행하는 천사도 있으며 3대 천사장과 함께 정사를 돌보고

지위를 하는 천사도 있는 것을 보아 여러 계급의 천사들이 있음을 알 수 있다. 미가엘 천사장은 하나님과 천국 백성을 수호하는 천사장으로 하늘의 군대 장관임을 알 수 있다.

'그때에 네 민족을 호의하는 큰 군주 미가엘이 일어날 것이요 또 환란이 있으리니 이날 개국이래로 그때까지 없던 환란일 것이며 그때에 네 백성 중 책에 기록된 모든 자가 구원을 받을 것이라' (다니엘 12:1)

가브리엘 천사장은 하나님의 전령 메신저 역할을 하는 천사장으로 사람들에게 하나님의 소식을 전해주는 일을 하는 것을 볼 수 있다.

'사가랴가 천사에게 이르되 내가 이것을 어떻게 알리요 내가 늙고 아내도 나이가 많으니이다. 나는 하나님 앞에 서있는 천사 가브리엘이라 이 좋은 소식을 전하여 네게 말하려고 보내심을 받았느니라.' (누가복음 1:18-19)

루시엘은 하나님과 가장 가까운 곳에서 하나님을 대면하며 하나님을 수행하고 비파와 수금을 들어 찬양을 올리는 천사장이다. 하나님께서 천사들 중 가장 아름답게 창조한 천사장이었지만 그는 자신의 눈부신 아름다움을 보고 교만하여 하나님과 비기기를 원하며 하나님의 보좌를 훔치려 그를 따르던 천사들과 함께 하늘의 쿠데타를 일으켰으나 결국은 셋째 하늘에서 쫓겨나 지옥의 가장 밑바닥으로 떨어지고 말았다.

'너 아침의 아들 계명성이여 어찌 그리 하늘에서 떨어졌으며 너 열국을 엎은 자여 어찌 그리 땅에 찍혔는고 네가 네 마음에 이르기를 네가 하늘에 올라 하나님의 뭇별 위에 내 자리를 높이리라 내가 북극 집회의 산에 좌정하리라 가장 높은 구름에 올라가 지극히 높은 자와 같아지리라 하는도다. 그러나 이제 네가 스올 곧 구덩이 맨 밑에 떨어짐을 당하리로다. (이사야서 14:12-17)

또한 아담과 하와가 하나님과 교제하며 살아가고 있는

에덴동산에서 하나님의 뜻에 따라 오직 선만을 알고 살아가는 아담과 하와에게 악을 알게 하는 선악과를 먹게 하여 인간에게 악의 죄 값인 사망을 안겨 주었다.

'뱀이 여자에게 이르되 너희가 결코 죽지 아니하리라 너희가 그것을 먹는 날에는 너희 눈이 밝아져 하나님과 같이 되어 선악을 알줄 하나님이 아시느니라 여자가 그 나무를 본즉 먹음직도 하고 보암직도 하고 지혜롭게 할 만큼 탐스럽기도 한 나무인지라 그 열매를 따먹고 자기와 함께 있는 남편에게도 주매 그도 먹은지라.' (창세기 3:4-6)

루시엘은 그 이름이 루시퍼가 되고 또한 사단 옛뱀 마귀라 불리고 그를 따르던 천사들은 귀신으로 불리게 된다.

루시퍼는 공중에 그들의 처소를 정하고 정사를 두었으며 권세와 세상의 주관자가 되었고 하급으로 분류된 귀신들은 여러 가지 모습과 형태로 나타나며 이 세상 풍속을 좇게 하여 인간이 하나님께로 가는 길을 차단하고 인간들의 삶에 직접적으로 파고 들어와 사람의 삶을 파괴하고 결국은 지옥으로 끌고 가려는 사람들의 영혼사냥을 하고 있다.

'마귀의 궤계를 능히 대적하기 위하여 하나님의 전신갑주를 입으라. 우리의 씨름은 혈과 육에 관한 것이 아니요 정사와 권세와 이 세상 주관자들과 하늘에 있는 악의 영들에 대함이라.' (에베소서 6:11-12)

주님께서 재림하실 때 루시퍼의 처소인 첫째 하늘 공중의 권세를 깨시고 루시퍼의 마지막 근거지인 땅으로 내어 내쫓으셨으며 휴거된 자와 무덤 속에서 자고 있던 자들이 일어나 주님의 신부가 되어 하늘의 천사들과 함께 두 번째 나타나실 것이다.

'하늘에 전쟁이 있으리니 미가엘과 그의 사자들이 용과 더불어 싸울새 용과 그의 사자들도 싸우나 이기지 못하여 다시 하늘에 그들이 있을 곳을 얻지 못한지라 큰 용이 내 쫓기니 옛뱀 곧 마귀라고도 하고 사탄이라고도 하며 온 천하를 꾀는 자라 그가 땅으로 내쫓기니 그의 사자들도 그와 함께 내쫓기니라.'

(요한계시록 12:7-9)

　'주께서 호령과 천사장의 소리와 하나님의 나팔소리로 친히 하늘로부터 강림하시리니 그리스도 안에서 죽은 자들이 먼저 일어나고 그 후에 우리 살아남은 자들도 그들과 함께 구름 속으로 끌어 올려 공중에서 주를 영접하게 하시리니 그리하여 우리가 항상 주와 함께 있으리라.'(데살로니가전서 4:17-18)

이 세상 풍속

　내가 어릴 적 아버지가 돌아가시고 장례식을 치른 후 무등산에 있는 비교적 큰 절에서 아버지의 영혼이 좋은 곳으로 가시기를 바라며 7일 마다 한 번씩 제사를 드리는 천도재인 49재를 지낸 적이 있다. 우리는 이것도 부족하여 일 년 동안 법당에 아버지의 영정을 두고 부처에게 절하고 경배하며 스님의 목탁 소리와 염불 소리를 들으며 기도했다.

　스님은 항상 말하기를 모든 의식에 정성을 다하여 공덕을 쌓으면 아버지는 극락왕생하실 것이고 자손들도 복을 받으며 살아간다고 말하였다.

아버지가 돌아가시고 우리는 극심한 무서움증에 시달린 적이 있었다. 그 무서움증을 해결 하고자 절에 계시는 스님을 집으로 초청하여 기도를 부탁한 적이 있었는데 스님이 말하기를 장례식 날 저승가는 길에 노잣돈으로 쓰라고 우리가 아버지에게 주었던 정성이 부족하여 저승사자의 노여움을 샀다고 한다. 우리는 스님이 시키는 대로 집 앞에서 저 멀리 차들이 보이는 도로가까지 몇 걸음에 한 번씩 흙을 조금 파서 돈을 묻고 노여움이 풀어지기를 기도하였다.

집이 없는 우리는 매년 사글세방을 찾아 이사해야 했으며 이사할 때마다 손 없는 날이라 하여 택일을 받았고 이사한 집에 처음 들어갈 때면 대문에 바가지를 엎어놓고 발로 깨고 들어갔으며 떡을 하고 음식을 마련해 제사상을 차려놓고 잘살게 해달라며 고사를 지냈으며 팥죽을 끓여 집안 곳곳에 뿌리기도 하였다. 결혼식이 있을 때면 궁합을 보아 좋지 않으면 파혼까지 하였으며 할아버지 아버지가 돌아가시자 풍수지리를 보아 묘자리를 썼으며 이장을 할 때도 무당에게 택일을 받았다. 어린 시절 너무나 가난했던 우리는 그 해결책을 찾고자 지역에 이름 있는 무당집을 수소문하여 굿판을 벌였다. 마당에서 굿을 하던 무당이 방으로 들어가더니 방안에 촛불을 켜고 하얀색 종이에 무엇인가를 쓰더니 촛불에 태우자 하얀색 종이의 타고남은 새까만 재가 타서 흩어지지도 않았으며 그대로 긴 종이의 원형을 유지하는 가운데 땅으로 떨어지지 않고 하늘로 솟구치더니 천정을 맞고 방바닥으로 떨어졌으며 접신이 되었는지 귀신이 말하기를 우리의 증조 할머니라고 말하며 제사상에 식혜를 올려줄 것을 부탁하였다. 그 말을 들은 우리는 제사 때마다 식혜를 정성들여 올려 드렸다. 우리는 철저하게 귀신에게 의존하며 살았고 귀신의 법에 순종하였으며 언제나 정성을 다하면 아버지의 영혼이 좋은 곳으로 가시며 가난에서 벗어나 부자가 되고 우환이 떠나가며 복을 받을 수 있다고 생각하였다. 하지만 우리의 삶은 언제나 힘들고 고단했으며 가난을 벗어나지 못했다.

'네 하나님 여호와께서 네게 주시는 땅에 들어가거든 너는 그 민족들의 가증한 행위를 본받지 말 것이니 그의 아들이나 딸을 불 가운데로 지나게 하는 자나 점쟁이나 길흉을 말하는 자나 요술하는 자나 무당이나 진언자나 신접자나 박수나 초혼자를 너희 가운데에 용납하지 말라 이런 일을 행하는 모든 자를 여호와께서 가증히 여기시나니 이런 가증한 일로 말미암아 네 하나님 여호와께서 그들을 네 앞에서 쫓아내시느니라 너는 네 하나님 여호와 앞에서 완전하라 네가 쫓아낼 이 민족들은 길흉을 말하는 자나 점쟁이의 말을 듣거니와 네게는 네 하나님 여호와께서 이런 일을 용납하지 아니하시느니라.' (신명기 18:9-14)

'그때에 너희가 그 가운데에 이 세상 풍속을 따르고 공중의 권세 잡은 자를 따랐으니 곧 지금 불순종의 아들들 가운데서 역사하는 영이라.' (에베소서 2:2)

초등학교 시절엔 언제나 방학이 되면 시골 할머니 집에서 방학을 보냈는데 같은 마을에 사는 이제 막 결혼생활을 시작한 작은 아버지 집에서 잠을 청한 적이 있다.

그날 밤 꿈에 내가 자고 있는 방에 현실에서는 없는 벽장이 보였다. 벽장을 열고 계단으로 올라가려는 순간 저

위에서부터 번쩍번쩍 금은보화가 쏟아져 내려왔다. 나는 너무 놀라서 방문을 열고 마당 쪽으로 뛰어 내려갔는데 마당 한가운데 머리에 뿔이 있는 도깨비 형상의 귀신이 방망이를 흔들며 춤을 추는 장면을 보며 꿈에서 깨어났다.

다음날 아침 꿈 이야기를 들려주며 작은 아버지에게 물어보니 실제 벽장이 있었는데 쓸모가 없어 벽장의 손잡이를 떼어 내고 그 위에 도배를 하였다고 한다. 작은 아버지는 30년이 흐른 지금도 그 꿈을 길몽으로 여겨 집을 떠나지 못하고 살고 있으며 실제 많은 재물도 얻었고 자녀들 또한 좋은 직업을 얻고 살아가고 있다.

하지만 그것은 그 집터에 사는 도깨비 귀신이 재물을 준 것으로 귀신이 그 집을 떠나버리거나 귀신을 버리고 예수님을 따를 때에는 패가망신할 수도 있으며 병들어 죽을 수도 있음도 알아야 한다. 그것은 마치 조직폭력배 중에 그 조직을 배신한 조직원을 죽이거나 혹은 병신을 만들어 그 조직을 탈퇴시키는 것과 흡사하다.

'마귀가 예수를 이끌고 순식간에 천하만국을 보여주며 이 모든 권위와 영광을 내가 네게 주리라 이것은 내게 넘겨준 것이므로 내가 원하는 자에게 주리라 그러므로 네가 만일 절하면 다 네 것이 되리라 예수께서 대답하여 가라사대 기록된바 주 너희 하나님께 경배하고 그를 섬기라 하였느니라.' (누가복음 4:5-6)

우리 조상들은 마을 어귀나 고갯마루에 성황당을 짓고 큰 고목(당산) 나무에 새끼줄을 두르고 오색천을 달아 놓아 그 고을을 지키는 신령들에게 소원성취를 기원하였으며 사월초파일에는 부처에게 소원성취를 기원하며 긴 줄에 연등을 만들어 소원을 적은 것을 등에 매달아 놓았다. 이처럼 귀신을 부르며 귀신에게 소원을 비는 이런 행위들은 시대를 넘어 같은 모습으로 재현되고 있다.

미국에서 시작된 노란리본은 전쟁터에 있는 사람의 무사귀환을 바라며 떡갈나무에 많은 노란리본을 매달아 놓았으며 국내에서는 진도해상에서 세월호 침몰 사고가 발생했을 때 수백 명의 실종자가 발생하자 이들의 무사귀환을 염원하며 노란리본을 매달아 놓은 것을 볼 수 있었다. 학교에서나 병원에서도 소원나무를 만들어 학업의 성취와

미래의 꿈을 담아 매달아 놓기도 하며 질병의 빠른 쾌유와 회복을 기원하며 매달아 놓은 것을 볼 수 있다.

배도

  유명 연예인이 신병에 걸려 결국은 신내림을
받았다고 한다. 본인도 무속인의 삶을 거부하고
싶으나 몸이 심하게 아프고 환청이 들리며 헛것이
보여 도저히 살 수가 없었다고 한다. 귀신의 한
종류인 점을 치는 무당귀신이 그 사람의 영혼을
사로잡아 자신의 종으로 만들려는 속임수이다.

  인간은 오직 하나님께 예배하고 경배하도록
만들어졌다는 것을 누군가에게 들었다면 잠깐
보이다 사라지는 안개와 같은 육신의 생명보다
하나님이 계시는 천국에서의 영생을 사모하였을
것이며 차라리 죽음을 택할지언정 배도는

하지 않았을 것이다. 비단 이런 일들은 일반 성도들에게만 해당되지 않고 있으며 주의 종이라 자칭하는 이들에게도 해당되는 것을 볼 수 있다.

1986년 이탈리아 아시시에서 세계종교평화회의를 개최하였다. 이 기도회에는 부두교 조로아스터교 불 숭배교, 뱀 숭배교, 불의 인디언 정령 숭배교, 일본 만신교, 아프리카 물치론교 등 전 세계 100여 개가 넘는 각종 사탄교의 종교 지도자들이 초대되었다. 이 자리에서 교황은 세계 모든 종교는 같은 신께 기도하는 것이라고 선언했고 기도회에 초대된 종교 지도자들은 모든 종교의 신은 이름만 다를 뿐 같은 것이다 라고 화답하며 정령숭배신도 카톨릭 신도 기독교 신도 하나의 신이며 만물 위에 있다고 주장하였다.

뉴욕 유니온 신학대학원에서 에큐메디칼 신학을 가르치는 한국인 여성 신학자는 1991년 WCC 호주 캔버리 제 7차 총회에서(당시 이화여대 기독교 학과 교수) 한복 소복 차림으로 기조연설을 시작하며 '성령이여 오소서 만물을 새롭게 하소서' 라는 WCC 종교다원주의 신학의 극치를 보여 주었다. 그녀는 애굽의 종 하갈로부터 한국

광주와 천안문에서 죽은 영들, 십자군 전쟁에서 죽은 영들, 체르노빌에서 죽은 영들, 매일 살해되는 아마존 숲의 영들, 착취를 당하는 땅과 공중과 물의 영으로부터 십자가에서 고문당하고 살해당한 우리의 형제 예수의 영, 예수 탄생시 헤롯왕의 군인들에 의해서 살해당한 아기들의 영들에게 오소소 라고 외치며 불러내는 기원으로 연설을 하였다. 그녀는 영들의 이름이 적힌 종이에 불을 붙이며 재를 천정으로 뿌리고 초혼제를 시연해 보였다.

이러한 종교다원주의의 극치인 에큐메디칼 신학운동을 내세운 WCC 제 10차 총회를 부산 벡스코에서 개최하였는데 세계 100여개 나라에서 1만 명이 넘는 사람들이 다녀갔다.

그들은 기도하기를 "성령의 하나님, 우리를 정의와 평화로 이끄소서" God of life Lead us to justice" 라고 한 목소리로 기도하며 정의, 자연, 평화를 주제로 내세우며 교회의 본질적 문제와는 전혀 관련이 없는 정치, 경제, 사회적 주제를 가지고 교회와 많은 사람들을 미혹하였다. 예수 그리스도만의 구원의 유일성을 부정하고 종교다원주의와 혼합주의와 동성애를 외치며 예수 그리스도 외 다른 구원자도 존재한다고 주장하였는데 이것은 루시퍼와 그를 따르는 귀신들을 위한 것이다.

대한민국에서 WCC를 지지하는 교회를 보면 하나같이 사악한 적그리스도의 음녀의 교회 로마 카톨릭과 교류하며 배도의 죄악을 저지르고 있다. 대한민국을 재앙의 수렁으로 빠뜨린 WCC를 지지하는 교회와 침묵으로 일관하며 암묵적 동의를 한 교회들은 회개하여야 한다. WCC는 하나님이 가장 싫어하시는 루시퍼 숭배 행위이며 하나님과 원수가 되는 배교 행위이며 많은 사람들을 미혹하여 지옥으로 떨어뜨리고 있다.

'또 누구든지 나를 믿는 이 작은 자들 중 하나라도 실족하게 하면 차라리 연자 맷돌을 그 목에 매여 바다에 던져지는 것이 나으니라.' (마가복음 9:42)

동국 대학교 불교 대학원 최고위 과정 학생들을 대상으로 한 특강에서 누군가가 말하기를 종교다원주의 종교관을 드러내며 불교의 가르침과 기독교의 가르침은 똑같은 것이 매우 많다 라고 하며 일부 목회자들이 기독교에만 구원이 있다고 말하는 것은 유아독존적 생각이라고 잘라 말했다. 불교는 불교만의 구원의 메시지가 있고 기독교는 기독교만의 구원의 메시지가 있다며 종교라는 공통분모 위에서 차이를 인정하고 그 바탕 위에 대화를 해야 한다고 주장했다. 이날 강연에서 모든 종교는 평등하다는 입장을 시종일관 강조하며 불교와 기독교는 똑같다 부처님의 자비와 예수님의 사랑이 같은 것이라고 말해 참석한 스님들로부터 박수를 받았다.

석가모니의 법력이 절정에 이르렀던 열반하기 직전 최후의 설법에서 예언한 것을 나마다경(38:8) 이라는 불경에 기록되어 있으며 놀랍게도 이 구절은 합천 해인사에 있는 팔만대장경에도 기록되어 있다.

河時爺蘇來吾道無油之燈也 (하시야소래오도무유지등야)

언젠가 예수님께서 오시면 내가 갈고 닦은 도는 기름 없는 등과 같이 쓸모가 없다 라는 뜻이다.

이처럼 석가모니는 열반하기 직전 자신이 깨닫고 가르쳐 온 불교의 모든 교리를 부정하고 예수님을 증거하였다.

현대 불교계의 정신적인 스승으로 벽련암에 머물며 자신을 찾는 이들에게 3천배 수행을 가르치고 깨달음이 극에 달하였다는 성철 스님의 열반송의 내용이다.

生平期狂男女群 (생평기광남녀군) 하나
彌天罪業過邃彌 (이천죄업과수미) 라
滉澄疴裏漢萬端 (황영아비한만단) 이어
溢倫討紅挂擗山 (일륜토홍괘벽산) 이라

일생동안 남녀의 무리를 속여서

하늘을 넘치는 죄업은 수미산을 지나찬다.

산채로 무간지옥에 떨어지니 그 한이 천갈래 만갈래나 되는지라 둥근 한 수레바퀴 붉음을 내뿜으며 푸른 산에 걸렸도다.

내 죄가 산보다 높고 바다보다 깊은데

내가 80년 동안 포교한 것이 헛것이로다.

우리는 구원이 없다 죄 값을 해결할 자가 없기 때문이다.

딸아이와 54년을 단절하고 살았는데 죽을 임종시에 찾게 되었다. 내 딸 필이야 내가 잘못했다.

내 인생을 잘못 선택했다. 나는 지옥으로 간다.

그는 깨달음을 얻기 위해 토굴에서 8년을 눕지 않고 참선하고 외진 암자에 철망을 두르고 10년을 수행했으며 평생 누더기 옷을 입고 아주 검소한 생활을 하였으며 일평생 많은 사람에게 존경을 받았으나 자기의 죄 문제를 해결하지 못하고 결국은 무간지옥으로 떨어지고 말았다.

1987년 성철 스님이 살아계실 때 성철 스님의 석가탄신일 법회에 나오는 내용이다.

사탄이여! 오시옵소서. 나는 당신을 존경하며 예배합니다.

사탄과 부처는 허망한 거짓 이름일 뿐 본 모습은 추호도 다름이 없습니다. 사람들은 당신을 미워하고 싫어하지만 그것은 당신을 모르기 때문입니다. 당신을 부처인줄 알 때에

착한생각 악한생각 미운생각 고운마음 모두 사라지고 거룩한 부처의 모습만 뚜렷이 보입니다.

사탄과 부처는 서로 다른 이질적인 존재가 아닌 하나의 존재로 부처와 사탄은 동일한 존재라는 뜻이며 본인이 수행하여 득도한 깨달음의 극치인 사탄을 당시 메이저 신문사에 기고까지 해가며 사람들에게 전하고 있다. 이것이 사탄을 숭배하는 불교의 실체이며 사람들이 사탄을 미워하고 싫어하는 이유는 사탄을 모르기 때문이라고 말하며 사탄을 경배하고 있다.

"불의한 자가 하나님의 나라를 유업으로 받지 못할 것을 알지 못하느냐 미혹을 받지 말라 음행하는 자와 탐색하는 자와 표적이나 모욕하는 자나 속여 빼앗는 자들은 하나님의 나라를 유업으로 받지 못하리니 너희 중에 이와 같은 자도 있더니 주 예수 그리스도의 이름과 하나님의 성령 안에서 씻음과 거룩함과 의롭다 함을 입었느니라." (고린도전서 6:9-11)

태국이나 미얀마 캄보디아와 같은 정통 불교 국가에서의

부처상을 보면 어김없이 뱀이나 용이 부처상과 결합되어 있는 것을 볼 수 있다. 태국의 전통 대서사시로 불리는 라마키안에 그려진 태국의 건국 신화의 내용을 살펴보면 "지구를 평정한 프라나라이는 낙(뱀 또는 용)을 타고 유해의 바다에 이르러 베다 찬가를 불렀다." 라고 적혀 있는 것을 볼 수 있으며 캄보디아 앙코르 유적지의 돌과 다리들에는 코브라 모양이 새겨진 난간이 붙어 있으며 머리가 일곱 달린 이 코브라를 "나가" 라 부른다. 캄보디아의 바콩사원 입구에는 크메르 건축에서 최초로 시도된 나가 석상이 보이는데 나가는 물을 상징하는 인도의 뱀 신으로 나가의 하반신은 뱀이고 상반신은 인간으로 표현하며 대게는 다섯 개에서 일곱 개의 머리가 코브라처럼 부채꼴 모양으로 펼쳐진 것을 볼 수 있다.

나가는 산스트리어로 뱀(특히 코브라)이라는 의미인데 중국으로 들어갈 때는 용(龍)이라는 한자로 번역 되었다. 불교에서의 나가는 팔부중(八部衆)의 하나인 용(龍)으로 번역되며 여성형은 나기니 Nagini이다. 석가모니의 수행당시 코브라가 석가모니를 수행하고 보호해 주었던 여러 설화들이 알려져 있으며 뱀이나 용으로 관계되어 있는 종교인 불교,

힌두교, 자이나교에서 여러 가지 형태로 나타나는 것을 볼 수 있다.

우리 조상들의 왕들은 두루마기와 같은 웃옷을 용포라 하여 가슴 등 양어깨에 금실로 수놓은 오조룡을 붙였고 왕세자의 보에는 사조룡을 왕세손의 보에는 십조룡을 붙였다. 청와대로 들어가는 대문에는 봉황새 두마리가 서로 마주하고 있으며 대통령의 관저와 사무실과 각종 집기와 대통령 전용기와 전용차에도 어김없이 등장하며 대통령이 수여하는 임명장과 표창에도 사용되는 것을 볼 수 있다.

'또 내가 보매 천사가 무저갱의 열쇠와 큰 쇠사슬을 그의 손에 가지고 하늘로부터 내려와서 용을 잡으니 곧 옛뱀이요 마귀요 사탄이라 잡아서 천년동안 결벅하여 무저갱에 넣어 잠그고 그 위에 인봉하여 천년이 차도록 다시는 만국을 미혹하지 못하게 하였는데 그 후에는 반드시 잠깐 놓이리라' (요한계시록 20:1-3)

불법

　예수님께서 이 땅에 오실 때에 세상에서 가장 높은 자리인 왕궁으로 오시지 않으시고 세상에서 가장 낮은 자리인 마굿간에서 말이 밥을 먹는 말구유를 통하여 이 땅에 오시므로 가장 낮은 것이 무엇인지를 우리에게 분명히 보여 주셨다.

　공생애를 시작하시고 제자들을 부르실 때에 당시 하나님을 가장 잘 믿었던 종교지도자이며 제사장이었던 바리세인이나 서기관을 부르지 않으시고 가장 낮은 직업을 가진 어부와 세리를 제자로 부르셨다.

　세상에서 가장 낮은 자인 고아와 과부와 병든 자와 귀신들려 고통 받는 자의 병을 고치시고 귀신을 쫓아내셨으며 창녀와 세리들과 식사를 하시고 천국복음을 가르치셨다.

예수님은 과부의 엽전 두렙을 부자의 헌금보다도 가장 크고 많다고 하셨다. 엽전 두렙은 과부가 가진 전 재산이었기 때문에 부자가 풍족한 중에 아무리 많은 헌금을 한다 해도 그것은 부자가 가진 일부분일 뿐 그는 여전히 많은 재산을 가지고 살아가고 있다.

예수께서 부자들이 헌금함에 헌금 넣는 것을 보시고 또 어떤 가난한 과부가 두 렙돈을 넣는 것을 보시고 이르시되

'내가 참으로 너희에게 말하노니 이 가난한 과부가 모든 사람보다 많이 넣었도다 저들은 그 풍족한 중에 헌금을 넣었거니와 이 과부는 그 가난한 중에서 자기가 가지고 있는 생활비 전부를 넣었느니라.' (누가복음 21:1-4)

우리는 바라기를 부자의 많은 헌금을 좋아하였으며 교회 예배 자리의 상석을 주고 가난한 자의 엽전을 외면하고 있는 것은 아닌지, 가난한 자가 오리를 가자 하면 십리를 동행해 주고 겉옷을 달라 하면 속옷까지도 벗어 주라는 주님의

말씀을 거역하고 있는 것은 아닌지, 세상을 향해 말하기를 우리를 종교인이라 부르지 말고 하나님의 일을 수행하는 특별한 성직자로 대우해 줄 것을 바라며 스스로 높아지려고 하는 건 아닌지 판단해 보아야 할 것이다.

중세의 교역자들은 성직자라 칭함을 받고 교회의 가장 높은 곳에 앉아 하나님처럼 높임을 받았으며 그들은 스스로 하나님이 되어 인간을 구원한다는 면죄부를 팔았는데 그것은 마치 스스로 높아져 지극히 높으신 하나님과 비기려한 루시퍼처럼 교만과 오만의 극치를 보여 주었다. 이로 인해 가장 밑에 평신도로부터 시작된 종교개혁이 일어나며 저들을 교회의 꼭대기에서 끌어 내렸다.

예수님은 여행을 위하여 배낭이나 두벌 옷이나 신이나 지팡이도 가지지 말라고 하셨다. 우리는 영광된 자리와 복된 자리와 높은 자리만을 바라보며 예수님을 이용하였고 예수 믿으면 범사에 잘되고 강건하며 부자가 된다는 기복신앙의 나팔만을 불어대며 주님의 복음을 변질시켰다.

예수님께서 말씀하시는 복은 심령이 가난한 자와 애통한 자와 온유한 자와 의에 주리고 목마른 자와 궁휼히 여기는 자와 화평케 하는 자와 의를 위하여 핍박 받는 자와 예수님으로 인하여 너희를 욕하고 핍박하고 거짓으로 너희를 거스려 모든 악한 말을 들을 때 복이 있으며 하늘에서 상이 크다고 말씀하셨다. 우리는 사회 부유층과 표에 목마른 정치권과 연합하여 기득권을 형성하며 권력을 휘두르고 있는 건 아닌지 되돌아보아야 할 것이다. 이런 일들로 인하여 세상의 뉴스와 신문에 연일 오르내리며 교회들의 민낯이 들어나며 세상 사람들의 손가락질과 함께 개독이라는 말과 먹사라는 말들을 만들어 내며 비웃음을 사고 있다. 이로 인하여 다음 세대의 교회 전도의 길이 막히고 있으며 믿음이 약한 성도들은 교회에 실망하며 교회를 떠나고 있다.

'나더러 주여 주여하는 자마다 다 천국에 들어갈 것이 아니요 다만 하늘에 계신 내 아버지의 뜻대로 행하는 자라야 들어 가리라 그날에 많은 사람이 나더러 이르되 주여 주여 우리가 주의 이름으로 선지자 노릇하며 주의 이름으로 귀신을 쫓아내며 주의 이름으로 많은 권능을 행하지 아니하였나이까 그때에 내가 너희에게 밝히 말하리니 불법을 행하는 자들아 내게서 떠나가라.' (마태복음 7:21-23)

　　주님의 제자들은 모든 것을 버리고 주님을 따랐으며 사도 바울은 세상의 것들을 한낱 배설물로 여긴다고 하였다. 베드로는 로마에서 복음을 전하다 주님과 같이 십자가에 달릴 수 없다며 십자가에 거꾸로 매달려 순교하였다. 안드레는 그리스에서 복음을 전하다 엑스자로 십자가에서 순교하였고 도마는 인도에서 복음을 전하다 이교도 제사장을 격노케 하여 껍질이 벗겨져 순교하였으며 마태는 이방에서 복음을 전하다 바늘 창에 찔려 순교하였다.

　　"나는 죽어도 좋습니다. 그러나 나의 구주는 배신할 수 없습니다." 샘버리 포리오는 이같이 외치며 투기장에서 사자들에게 찢겨 순교하였고 "죽음은 이제 더 이상 공포가 아니며 기쁨에 나를 초대하는 것 같구나" 헨리옷토는 몸이 타들어 가면서도 주님만 바라보며 화형장에서 순교하였으며 "내 마음을 조사해 보아라 그리스도를 향한 사랑밖에는 찾을 수 없을 것이다." 이름 없는 귀족은 이같이 신앙고백을 하며 단두대에서 순교하였다.

손양원 목사님은 공산주의 폭도에게 두 아들이 순교 당했으며 자신의 아들들을 죽인 원수를 자신의 양아들로 받아들여 결국엔 목사님을 만드셨다. 주기철 목사님은 일제 신사 참배를 거부하시다 차디찬 일제의 옥사에서 끝내 순교하셨다.

주님의 제자들은 자신들의 모든 것을 바쳐 주님의 영광의 날에 열두 보좌에 앉아 이스라엘의 열두지파를 심판하는 권세를 받았다.

'이에 베드로가 대답하여 이르되 보소서 우리가 모든 것을 버리고 주를 따랐사온대 그런즉 우리가 무엇을 얻으리이까 예수께서 이르시되 내가 진실로 네게 이르노니 세상이 새롭게 되어 인자가 자기 영광의 보좌에 앉을 때에 나를 따르던 너희도 열두 보좌에 앉아 이스라엘의 열두 지파를 심판하리라.' (마태복음 19:28)

말세

히트곡을 연달아 발표하며 한 시대를 풍미했던 음악 그룹 중에 한 멤버는 자신의 영혼을 귀신에게 팔아 버리고 귀신이 주는 영감으로 곡을 쓰고 춤을 추며 이것은 대히트를 치고 엄청난 부를 얻었다고 한다. 수단과 방법을 가리지 않고 성공하려는 인간의 끝없는 탐심은 하나님을 모르는 무지와 함께 본인의 선택이 무엇인지도 모른 채 그 영혼은 지옥의 수렁으로 빨려 들어가고 있다.

부모님의 가진 재산을 탐하여 자신을 낳아준 부모를 살인하는 패륜도 서슴치 않으며 자신이 낳은 어린 아이를 버리고 죽이는 인면수심의 부모도 있으며 사소한 시비로 인하여 가족과 이웃을 죽이는 일과 본인과 아무런 관련이 없는 불특정 다수를 상대로 살인하는 일과 부부 사이에도 보험금을 노리고 살인하는 일과 부부 사이에 각자의 애인을 두고 사는 경우도 있으며 의붓 아버지가 의붓딸을 시아버지가 며느리를 심지어 자신이 낳은 친 딸까지도 성폭행하는 일도 있다. 학교 선생님과 제자가 부적절한 관계가 맺어지고 있으며 동성애가 만연하고 각국마다 동성애가 합법화되고 있으며 이러한 사람의 탐심과 음행이 하늘을 찌르는 악의 극치의 시대를 우리는 살아가고 있다.

'네가 이것을 알라 말세에 고통하는 때가 이르리니 사람들은 자기를 사랑하며 돈을 사랑하며 훼방하며 부모를 거역하며 거룩치 아니하며 무정하며 원통함을 풀지 아니하며 참소하며 절제치 못하며 사나우며 쾌락을 사랑하기를 하나님 사랑하는 것보다 더하며 경건의 모양은 있으나 경건의 능력은 부인하는 자니 이 같은 자들에게서 네가 돌아서라.'

한 세대를 보통 30년이라 하면 2-3대를 지나 90년이 되고 이것을 조금 늘리면 100년으로 1세기가 지나간다. 자신들이 살고 있는 시대의 죄의 모습들을 보고 사람들은 말세를 논하였고 우리가 사는 지금 이 시대에도 예수님이 재림하지 않으시면 다음 세대인 22세기의 사람들도 말세를 논할 것이다. 내가 사는 이 시대의 말세의 징조를 살펴보자

가장 대표적으로 사람들의 오른 손이나 이마에 표를 받게 하는 것으로 알려진 육백육십육을 연상케 하는 베리칩의 등장이다. 현재 사람의 몸에 표를 심는 육백육십육의 전단계로 은행에서는 사람의 홍채와 지문과 동맥 등을 비밀번호로 하여 사람의 생체로 결제하는 방식이 이루어지고 있으며 편의점들은 앞 다투어 무인점포시스템방식을 채택하고 있고 대형마트까지 확산되려는 움직임을 보이고 있다. 중국은 13억 인구에 얼굴인식시스템 구축을 추진하고 있으며 사실상 빅브라더 시대가 도래하고 있다. 각국은 현금 없는 사회를 구현하기 위해 더 이상 동전과 지폐를 찍지 않는 국가들이 등장하고 있으며 이에 발맞추어 한국은행은 동전 없는 사회를 추진할 것을 선언했다. 이를 근거로 가상화폐인 비트코인이 등장했으며 블록체인기술의 발달로 인해 미국과

일본은 선물이 거래되는 등 공식화 되고 실제 결제도 이루어지며 현금 없는 시대로의 첫걸음이 시작되고 있다.

'그가 모든 자 곧 작은 자나 큰 자나 부자나 가난한 자나 자유인이나 종들에게 그 오른손이나 이마에 표를 받게 하고 누구든지 이 표를 가진 자 외에는 매매를 못하게 하니 이 표는 곧 짐승의 이름이나 그 이름의 수라 지혜가 여기 있으니 총명한 자는 그 짐승의 수를 세어보라 그것은 사람의 수니 그의 수는 육백육십육이니라.' (요한계시록 16:16-18)

곡과 마곡전쟁의 연합군의 수장인 곡으로 추정되는 인물인 러시아의 블라드 미르 푸틴 대통령은 자국민의 70%의 압도적인 지지를 얻으며 재선을 선언했고 장기집권 독재체제에 돌입했다. 곡과 마곡의 전쟁의 연합국은 마곡 로스(러시아) 바사(이란) 구스(수단 이티오피아) 붓(리비아 알제리) 메섹과두발(터키) 도갈마(터키 아르메니아) 고멜(독일 폴란드)로 최근 러시아를 중심으로 곡과 마곡 전쟁의 핵심국가인 이란과 터키는 자국의 국방력 강화와 경제적

실리로 연합하고 있는 것을 볼 수 있다.

러시아와 이란은 지난 2500년간 한 번도 군사 동맹을 맺지 않았고 이들 국가는 실제로 사이가 좋지 않았으나 러시아가 이란에게 10억불 이상의 미사일과 무기를 판매하도록 허용하였고 이란의 100명 이상의 핵 과학자들이 러시아에서 훈련 받았다.

터키는 나토 동맹국으로 이스라엘, 유럽연합, 미국과 우방이었으나 지난 2010년 터키의 구호 선박이 이스라엘의 가자 지구에 대한 해상 봉쇄를 무릅쓰고 구호물품을 전달하려고 하다가 이스라엘 해군의 공격을 받아 터키 활동가 10명이 사망한 이후 양국 관계가 경색됐다가 2017년 정상화되었고 국교 정상화를 계기로 지중해 가스전 공동 개발 사업을 맺으면서 접촉면을 넓혀가는 가운데 레제프 타이이프 에르도안 터키 대통령이 미국의 트럼프 대통령의 "예루살렘 선언"을 연일 강도 높게 비판하며 "예루살렘을 무슬림과 다른 종교 신자의 감옥으로 만드는 자들은 그들의 손에서 피를 씻을 수 없을 것이며 예루살렘을 이스라엘의 수도로 인정한다는 결정으로 미국은 그들의 협력자가 됐다." 고

비난했다.

에르도안 대통령은 이스라엘을 "테러국가" "침략국가" 로 부르며 "이스라엘 경찰은 팔레스타인 젊은이와 아이들에게 총을 쏘고 F-16전투기로 가자 지구를 폭격하고 있다."고 비판 했다. 이로써 터키는 미국 이스라엘과 더욱 멀어지고 러시아와 이란과 긴밀하게 연대하며 이스라엘을 대적하고 있다. 에스겔서는 2600년 전 쓰여진 예언서로 이 시대에 이 같은 일들이 이루어지므로 하나님의 말씀을 이루기 위한 전쟁이 서서히 무르익어가고 있다.

'이르기를 주 여호와께서 이같이 말씀하시기를 로스와 메섹과 두발왕 곡아 내가 너를 대적하여 너를 돌이켜 네 아가리를 꿰고 너와 말과 기마병 곧 온 군대를 끌어내되 완전한 갑옷을 입고 큰 방패와 작은 방패를 가지며 칼을 잡은 큰 무리와 그들과 함께한 방패와 투구를 갖춘 바사와 구스와 붓과 고멜과 그 모든 떼와 북쪽 끝의 도갈마 족속과 그 모든 떼 곧 많은 백성의 무리를 너와 함께 끌어 내리라 너는 스스로 예비하되 너와 네 모인 무리들이 다 스스로 예비하고 너는 그들의 우두머리가 될지어다.'

(에스겔 38:3-7)

    EU 유럽연합은 독일을 중심으로 하나의 유럽을 외치고 있으며 미국의 트럼프 대통령은 이스라엘의 수도로 예루살렘을 공식 인정하고 주 이스라엘 미 대사관의 예루살렘 이전을 명령하였다. 하나님이 선택한 선민 이스라엘 민족은 인류를 구원하러 오신 예수님을 십자가에 못박고 BC 70년에 로마군의 창과 칼에 예루살렘 성전이 불타오르고 이스라엘은 완전히 멸망하여 비참하게 열방에 헤쳐지고 세계 각국에 흩어졌다. 그러나 이스라엘 족속이 들어간 그 여러 나라에서 더럽혀진 하나님의 거룩한 이름을 회복하기 위하여 열방으로 하여금 하나님의 거룩한 모습을 알게 하려고 그 여러 나라 가운데서 인도해 내시고 그 고토를 회복시키셨다.

    1947년 이스라엘은 고토를 회복하였고 많은 사람들이 말하기를 이 땅은 정말 버려진 땅이요 이 땅은 정말 소망이 없다고 말했지만 사막으로 황무한 땅이 기경되어 이제는 곡물을 수출할 정도의 옥토로 변하였고 최근에는 기존의 세계 최대 석유 매장량을 가진 사우디를 제치고 170만 배럴의 석유와 122큐빅 비트의 세계 최대 규모의 천연가스가 발견되어 하나님이 말씀하신 젖과 꿀이 흐르는 땅이라는 말씀이 이루어졌다. 유대교와 이슬람의 성지로 공존하는 예루살렘은 이스라엘과 팔레스타인의 핵심 분쟁지역으로 트럼프의 선언은 중동의 화약고에 불을 붙였다. 어떤 형식의 분쟁이 일어나던 이스라엘의 완전한 승리로 끝날 것이며 이스라엘은 성전산에 있는 이슬람의 황금돔 사원을 무너뜨리고 멸망의 가증한 적그리스도가 서게 될 제 3성전을 중건할 것이다.

'그러므로 너희가 선지자 다니엘이 말한바 멸망의 가증한 것이 거룩한 곳에 선 것을 보거든 읽는 자는 깨달을 진저'
(마태복음 24:15)

예루살렘 성전 위원회는 제 3성전에서의 성전제사에 사용될 제단을 이미 완성하였다고 발표했고 이 제단은 때가 되면 곧바로 작동될 수 있을 것이라고 말했다.

왜
기도

성전 위원회는 예루살렘에 재건될 성전에 필요한 제사장의 의복들과 도구들을 준비하였고 방문자들을 위한 교육센터와 제사장 가문에 속한 자들 가운데 성전이 중건 되면 이곳에서 일하기를 원하는 사람들을 위한 사전 훈련 프로그램을 운영하고 있다. 제 3성전의 중건은 성전을 중심으로 전개되는 요한계시록의 예언이 성취되기 위한 전제 조건이다.

7년 대환난의 주 앞에 서있는 두 감람나무는 주님께서 우리에게 주시는 예언(복음)을 증거할 것이며 주님께서는 그들에게 권세를 주어 그들은 굵은 베옷을 입고 7년 대환난의 전반기인 일천이백육십일을 예언하게 된다.

두 감람나무는 예언을 마칠 때까지 일천이백육십일 동안 하늘 문을 닫고 창세 이전부터 인봉되어 감추어진 주님의 복음을 증거할 것이며 두 감람나무가 복음을 증거할 때에 그들을 해하려는 세력인 로마 카톨릭과 연합한 교회들은 모세가 출애굽하려 할 때 바로가 응하지 않으므로 애굽에게 10가지 재앙을 내렸던 것처럼 주님의 절대적인 권능을 가지고 여러 가지 재앙으로 그들을 칠 것이다.

로마 카톨릭은 세계의 정치, 경제, 종교를 통합하여 세계 단일 정부로 나아가기 위한 발걸음이 빨라지고 있다.

그 중심에 서있는 EU(유럽연합)의 가입국은 2017년 현재 28개국으로 EUR(유로화)를 사용하는 유로존 국가는 19개국에 이르고 있으며 2008년 유럽 연합의 모델로 추진되고 있는 남미국가연합(unasul)은 현재 12개국으로 정치 경제적 통합체로 발전해 가고 있다.

걸프존 6개국은 정치, 군사, 경제 통합을 목적으로 하는 걸프 협력회의(gcc)를 출범시켰으며 동남아시아 국가연합체인 아세안(asean)의 가입국은 현재 10개국으로 경제협력과 화합을 내세우고 있다.

이렇듯 세계는 로마 카톨릭의 영향력하에 정치 경제적으로 빠르게 통합되어 가고 있다. 그들은 정치권을 장악하기 위해 우리가 가히 상상할 수도 없는 금권을 손에 쥐고 미국을 비롯한 주요국의 대통령 선거에도 깊숙이 관여되어 그들에게 길들여진 후보를 당선시켜 그들의 영향력 지배하에 놓이게 하고 있다.

각국의 중앙은행은 정부의 신용을 바탕으로 화폐를

인쇄하고 있다. 각국 중에는 이미 천문학적인 빚에 눌려 돈의 가치가 하락하여 회생 불가능한 국가들도 등장하고 있다. 국가의 부도위험 "채무상환불능"과 같은 국가의 위험도를 가르켜 소버린 리스크(sovereign risk)라고 부른다. 소버린 리스크는 국제금융시장에서 국가가 자금을 빌리거나 국가가 공공기관의 원리금 상환 보증을 할 때 혹은 민간부분 지급 보증을 했지만 채무 상환을 하지 못할 경우 자금을 빌려준 측이 안게 되는 위험을 말하는데 원리금에 대한 최종 상환의무를 정부가 지기 때문에 국가 재정 부실을 가져올 수 있어 컨트리 리스크(countryrisk)라고도 표현 한다.

2011년 미국 채무증액을 둘러싼 정치권 공방속에 경제 지표가 악화되고 신용 평가사 s&p에서 미국의 국가 신용 등급을 최상위인 AAA에서 AA+로 한 단계 강등시키면서 한국 증시는 물론 세계 증시도 급락하고 국제 금값이 급등하여 세계적인 금융 불안이 있었는데 이것은 "소버린 리스크"에서 발생한 쇼크였다.

2010년 그리스 스페인 포르투칼과 같은 복지 지출이 많은 유로존 국가에서도 국가 부채로 인한 소버린 리스크가 발생하였으며 특히 그리스는 그리스 최대은행 뱅키아의 예금이 단 1일에 한화로 1조원이 인출되는 뱅크런이 발생하였고 과중한 국가 채무에 시달려온 그리스는 2010년 부터 디폴트(채권불이행)를 막기 위한 구제 금융에 의존하게 되면서 국제 시장에서 퇴출되었다.

2016년 미국의 연방의원 론 폴과 트럼프가 대통령 후보가 되기 전 "달러는 완전히 붕괴할 것이다"라고 말했는데 이 말의 뜻은 미국 정부의 신용을 더 이상 신뢰할 수 없다는 의미이다. 트럼프는 대통령 후보 시절 19조 달러(약 2경 2287조원)에 이르는 미국 정부부채를 달러를 찍어 빚을 갚는다는 어처구니없는 재앙적 발언을 하였다.

세계 기축통화인 달러를 무차별적으로 찍어내면 달러화 가치가 급격하게 떨어져 미국의 국채를 사들인 채권자들은 원금과 이자를 회수하기 위해 아우성을 칠 것이다.

결국 정부는 디폴트를 막고 채권자들의 원금과 이자를 상환하기 위해 또다시 달러 찍기를 반복한다면 달러의 가치는 휴지 조각이 되어 미국 경제는 붕괴하고 만다. 이처럼 세계는 신용 화폐의 몰락이 임박했음을 경고하고 있고 실제 로마 카톨릭은 세계경제 붕괴와 함께 새로운 화폐 제도인 가상화폐제도를 도입하려 하고 있으며 지금 이것은 우리 시대에 그 실체가 드러나고 있다.

세계의 정치 경제를 장악한 루시퍼의 최후의 보루인 로마 카톨릭은 그의 각본에 따라 철저하게 움직이고 있으며 WCC를 통해 종교 통합을 이루어 이 땅에 루시퍼의 왕국을 세우기 위해 그 마지막을 향해 치닫고 있다.

이 땅에 다시 재림하시는 주님은 죄와 상관없이 영광의 주요 심판의 주로 공중에서 두 번째 나타나시기 위하여 필연적으로 두 감람나무를 이 땅에 보내시고 주님의 복음을 증거하고 전파하실 것이다. 이것은 굵은 베옷을 입고 예수님의 초림의 길을 예비하고 광야에서 주의 대로를 평탄케 하였던 세례 요한의 사명과도 같다.

'그는 빛이 아니요 이 빛에 대하여 증거하러 온 자라.'
　　(요한복음 1:8)

우리는 그것을 들을 때에 참 진리를 얻은 것처럼 입에는 꿀같이 달게 되나 그 말씀을 소화시킬 때에는 초림당시 일등선생이었던 바리새인과 사두개인들이 예수님의 구원의 복음을 받지 못하고 대중을 선동하여 예수님을 십자가에 못 박은 것처럼 기존의 고정관념에 사로잡혀 받아들이기 매우 힘든 복음이 되어 네 배에서는 쑥처럼 쓰게 된다.

'하늘에서 나서 내게 들리던 음성이 또 내게 말하여 이르되 네가 가서 바다와 땅을 밟고 서 있는 천사의 손에 펴 놓인 두루마리를 가지라 하기로 내가 천사에게 나아가 작은 두루마리를 달라 한즉 천사가 이르되 갖다 먹어 버리라 네 배에는 쓰나 네 입에는 꿀 같이 달리라 하거늘 내가 천사의 손에서 작은 두루마리를 갖다 먹어 버리니 내 입에는 꿀 같이 다나 먹은 후에 내 배에서는 쓰게 되더라 그가 내게 말하기를 네가 많은 백성과 나라와 방언과 임금에게 다시 예언하여야 하리라 하더라.' (요한 계시록 10:8-11)

두 감람나무가 주님의 복음을 증거하고 사명을 마치는 순간 주님의 절대적인 권능에 눌려 꼼짝할 수 없었던 로마 카톨릭과 연합한 교회들이 다시 힘을 얻어 그들을 죽이게 된다. 두 감람나무가 핍박하고 괴롭혀온 로마 카톨릭과 연합한 교회들은 그들의 죽음을 즐거워하여 서로 예물을 보내고 기뻐하며 그 시체를 큰 성 길에 두어 삼일반 동안을 보며 무덤에 장사하지 못하게 하나 삼일반 후에 하나님으로부터 생기가 그들 속에 들어가매 그들이 발로 일어서니 구경하는 자들이 크게 두려워하였으며 하늘로부터 큰 음성이 있어 이리로 올라오라 함을 그들이 듣고 구름을 타고 하늘로 올라가니 그들의 원수인 로마 카톨릭과 연합한 교회들도 구경할 것이다.

하나님의 위대한 선지자 엘리야는 갈멜산에서 850명의 바알과 아세라의 거짓 선지자들과의 최후의 대결에서 완전히 승리하였고 엘리야의 기도는 하늘로부터 불을 끌어내려 재물을 태우고 백성들에게 하나님이 살아계심을 확실하게 보여 주었다. 엘리야는 850명의 거짓 선지자를 기드온 시내로 끌고 가서 모두 죽였으며 아합왕과 패역한 백성들에게 여호와의 말씀에 내 말이 없이는 이 땅에 우로가 없을 것이라고 예언한 엘리야는 실제 하늘 문을 닫아 3년 6개월 동안 계속 되었던 가뭄을 끝내고 하늘 문을 다시 열어 큰 비를 내리게 하였으며 마침내 그의 제자 엘리사의 목전에서 불 수레와 불 말을 타고 하늘로 승천하였다.

'두 사람이 길을 가며 말하더니 불 수레와 불 말들이 두 사람을 갈라놓고 엘리야가 회오리 바람으로 하늘로 올라 가더라.'
(열왕기하 2:11)

7년 대환난의 후반기인 일천이백육십일의 주인인 적그리스도는 루시퍼의 대리인으로 나타나며 자신과 동일한 능력과 보좌와 큰 권세를 그에게 주며 적그리스도를 사람들에게 참 선지자로 미혹하려는 술책 가운데 그의 머리에 죽게 되었던 상처를 내고 사람들에게 보이기를 마치 그의 놀라운 능력이 스스로 그 상처에 임하여 치유해낸 것처럼 많은 사람들을 미혹하고 적그리스도는 미혹된 사람들의 추대를 받아 7년 대환난의 후반부인 마흔 두달을 통치할 권좌에 오를 것이다.

멸망의 가증한 적그리스도는 제 3성전에 올라 루시퍼와 더불어 경배와 예배를 받고 하나님을 비방하고 스스로 하나님이 되어 깨어 기도하는 하나님의 거룩한 백성들을 대적하여 승리함으로 세계 단일정부를 구성하고 신세계 질서를 수립하여 각 나라와 족속을 다스리는 그의 권세가 우리에게 임하게 된다. 이때에 휴거되지 못한 자들 중에 적그리스도를 따르며 배도의 길을 가지 않는 자들에게는 적그리스도의 무시무시한 환난이 그들에게 다가올 것이다. 그것은 적그리스도의 물과 불과 단두대와 세상에서 최악의 고문 기술을 가진 자들 앞에 그들이 섰을 때 신앙의 절개를 지키는 자는 하나님의 생명책에 그 이름이 세세 무궁토록 기록될 것이다. 그것은 마치 느부갓네살 왕의 극렬히 타는 풀무불 앞에서 왕의 금신상에 엎드려 절하지도 않고 경배하지도 않은 사드락과 메삭과 아벳느고와 같이 하나님을 배도하지 않으며 죽음을 불사르는 자들에게 주님께서 그 극렬히 타는 풀무불 속에서 함께 하시고 그 불이 능히 그들의 머리털도 그을리지 아니하게 하셨으며 겉옷 빛도 변하지 아니하였고 불탄 냄새도 없이 그들을 구원 하신 것과 같다.

'누구든지 귀가 있거든 들을 지어다.

사로잡힐 자는 사로잡혀 갈 것이요 칼에 죽을 자는 마땅히 칼에 죽을 것이니 성도들의 인내와 믿음이 여기 있느니라.'

(요한계시록 13:9-10)

예루살렘 성전위원회의 제 3성전의 중건을 위한 모든 준비는 완료되었으며 때가 차면 지체 없이 시행할 것이며

이것은 곡과 마곡의 전쟁과 7년 대환난이 우리 앞에 임박했다는 증거이며 휴거도 머지않았음을 보여주는 이 시대의 징조이다. 우리는 슬기로운 다섯처녀가 되어 신랑이 속히 오심을 바라보며 깨어 기도하는 가운데 시대를 분별하여 때에 맞는 양식을 나누어 주는 지혜롭고 충성된 종이 되어야 한다.

'그러므로 깨어 있으라 어느 날에 너희 주가 임할는지 너희가 알지 못함이니라 너희도 아는 바니 만일 집 주인이 도둑이 어느 시각에 올 줄을 알았더라면 깨어 있어 그 집을 뚫지 못하게 하였으리라 이러므로 너희도 준비하고 있으라 생각하지 않은

때에 인자가 오리라 충성되고 지혜 있는 종이 되어 주인에게 그 집
사람들을 맡아 때를 따라 양식을 나눠 줄 자가 누구냐'

(마태복음 24:42-45)

지옥

　예수님께서 지옥에 관하여 언급하시기를 구더기도 죽지 않고 불도 꺼지지 않으며 사람마다 불로써 소금 치듯 함을 받는 영원토록 끝없는 고통이 계속되는 무시무시한 형벌의 장소임을 우리들에게 깨닫게 하시고 "만일 네 손과 발이 너를 범죄하게 하거든 찍어내 버리고 만일 네 눈이 너를 범죄하게 하거든 그 한 눈을 빼버리라고 말씀하시며 장애인이나 다리 저는 자나 한 눈으로 지옥에서의 영벌을 면하고 하늘나라의 영생에 들어가는 것이 낫다고 우리에게 분명히 말씀하셨다.　그러나 우리는 생각하기를 지옥은 옛날 이야기 속에나 나오는 현실 속에서는 찾아볼 수 없는 가상의 세계로 인식하며 대수롭게 여기지 않으며 지옥을 해결할 참 진리를 무시하고 외면해 왔다. 그러나 성경은 분명히 예수님을 전하는 자의 권함을 받지 않고 하나님을 불신해 버리는 자도 지옥으로 갈것이라고 하셨다.

'악인은 지옥으로 돌려질 것이요 하나님을 잊어버린 모든 민족들도 그러 하리라.'(시편 9:17)

얼마 전 불교 방송에서 한 승려가 강의하기를 지옥을 소개 하며 부처가 거기에 먼저 가 있으니 우리들도 그곳에 가야할 사람들이라고 하며 "부처님은 항상 지옥에 계신다." 라고 전혀 거리낌 없이 말하는 것을 보았다.

이것은 부처가 곧 사탄이라며 사탄을 증거한 성철스님의 법회 내용과 동일하다. 부처님은 자비하시기 때문에 중생들이 잘못해서 고통 받는 곳 지옥으로 가는데 그 지옥에 가있는 중생들을 구제하기 위하여 부처님은 지옥에 항상 계신다는 논리이다. 이런 맥락으로 수행을 많이 하고 도가 높다는 한 승려가 사람들에게 말하기를 "내가 제일 먼저 지옥에 간다."라고 말하는 것을 듣고 사람들이 어떻게 스님처럼 도가 높으시고 잘못이 없으신 분이 극락세계에 가셔야지 지옥에 갈 수 있느냐고 되물어 보자 그 승려는 다시 말하기를 "내가 지옥에 들어가지 않으면 어떻게 당신들을 다시 만날 수 있겠습니까? 당신이 지옥에 갔는데 내가 어떻게 극락에 있나? 라고 답하면서 그렇기 때문에 불자들은 모두다 지옥에 가야 하는 것이고 이런 불자들이 다 되시기를 바란다고 말하였다. 그러나 성경은 사람이 죽어서 지옥에 떨어지면 다시는 회개할 기회가 없고 어느 누구도 꺼내어 줄 수도 없으며 회개의 기회는 살아있을 때 단 한 번뿐이라고 했다.

'모든 산 자들 중에 들어 있는 자들에게는 누구나 소망이 있음은 산 개가 죽은 사자보다 낫기 때문이니라. 산 자들은 죽을 줄을 알되 죽은 자들은 아무것도 모르며 그들이 다시는 상을 못 받는 것은 그들의 이름이 잊어버린바 됨이니라. 그들의 사랑과 미움과 시기도 없어진지 오래이니 해 아래에서 행하는 모든 일 중에서 그들에게 돌아갈 몫은 영원히 없느니라. (전도서 9:4-6)

이처럼 종교의 가면을 쓰고 있는 루시퍼는 많은 사람들을 미혹하며 지옥의 불속으로 끌고 가고 있다. 지옥의 왕인 루시퍼는 그 지옥의 권좌에 앉아 지옥의 모습들을 어쩌면 가장 정확하게 사람들에게 전하고 있다. 불교에서 말하는 지옥은 수미산 주위에 있는 네 대륙의 하나인 남쪽의 섬 부주 밑에 있다고 한다. 그리고 아비지옥은 한 변이 각각 8만 유순인 정육면체이며 나머지 지옥은 한 변이 각각 1만 유순인 정육면체라고 하며 한 단계씩 내려 갈수록 고통은 10배씩 증가하고 고통을 받는 시간은 이전보다 8배씩 길어지며 아비지옥의 고통의 기간은 끝없이 반복된다고 한다. 지옥에서 죄인을 다루는 염라국은 그 왕이 염라대왕(루시퍼)이며 염라국의 지옥의 사자들은 잔인하고 인정이 없으며 애원해도 조금도 사정을 봐주지 않고 오히려 그것을 즐기고 쾌감을 느끼며 사람들이 이 세상에서 지은 죄업에 따라 각각의 지옥에 떨어지면 그 지옥을 담당하는 지옥의 사자들은 죄인이 떨어짐과 동시에 눈을 부라리고 아우성을 치며 서로 잡아 가려고 혈안이 되어 있다.

화탕지옥

활활 타오르는 불길 위에 무쇠솥을 걸고 그 속에 쇳물을 펄펄 끓여 지옥의 사자들이 죄인들을 잡아 장대에 꿰어 가마솥 속에 집어넣는다. 죄인들의 뜨거운 고통을 이루 말로 다 형용할 수 없다. 아무리 살려 달라고 비명을 지르고 발버둥 쳐도 아무도 동정하거나 도와주는 사람들이 없으며 살은 삶기고 뼈는 물러져 몸 전체가 녹아 없어지면 밖으로 끌어내어 다시 살게 한 다음 또 뜨거운 가마솥에 집어넣는다.

지옥에서는 죽음이란 차라리 죽을 수만 있다면 죽어 버림으로써 무시무시한 그 고통에서 벗어날 수 있으련만 지옥은 죽음으로써 해결되지 않는 영원한 영벌의 세계이다. 죽을 지경의 고통으로 꼬끄라지면 다시 살아나서 수를 헤아릴 수 없이 같은 형벌을 받아야 하는 실로 무서운 지옥의 형벌이다. 커다란 가마솥을 꺼지지 않는 유황불이 지글지글 달구고 있는 가운데 지옥의 사자들이 비명을 지르는 죄인의 발을 잡고 죄인을 거꾸로 머리부터 펄펄 끓는 탕 속에 쑤셔 박는다. 임으로 허파 속으로 뜨거운 물이 끝없이 들어가며 살이 익고 뼈가 타도 죽지 않으니 죄인이 느끼는 고통은 감히 상상할 수가 없다.

도산지옥

온 산에 뾰족뾰족한 날카로운 칼날이 빈틈없이 꽂혀 있는 능선을 지옥의 사자들이 죄인들을 무자비하게 끌고 지나가면 발등까지 날카로운 칼날이 파고 들어와 죄인들의 고통은 극에 달하며 끌려가다가 쓰러지기라도 하면 그 칼날이 다시 온몸을 찌르고 살점을 가르면 죄인들은 괴성을 지르고 울부짖고 있으며 고통 받는 죄인과는 대조적으로 지옥의 사자들은 죄인의 신음 소리와 울부짖음이 마치 즐거운 노래 소리인 듯 고통소리에 환호성을 지른다.

손을 뒤로 묶인 채 지옥의 사자에게 끌려가는 죄인은 몇 번이나 이 칼 능선이를 지나가야 할지 공포에 질려 있으며 또다시 지옥의 사자들은 날카로운 칼날이 뾰족뾰족 튀어나온 평상위에 죄인을 알몸으로 눕히고 커다란 칼로 온 몸을 찔러대며 실신해서 밑으로 떨어지면 금새 정신이 들게 하여 다시 평상위에 올려놓고 끝없는 고통의 형벌을 집행하고 있다.

정철지옥

죄인의 몸에 쇠못을 박는 지옥을 정철지옥이라고 하며 죄인의 머리와 온 몸에 커다란 못을 박아서 죄인에게 극한의 고통을 주는 지옥으로 목에 큰 나무칼을 찬 죄인과 못을 박을때 고통으로 실신하여 쓰러져 있는 죄인을 사납게 생긴 지옥의 사자가 죄인 위에 걸터앉아 또다시 머리채를 움켜잡고 커다란 못을 인정사정없이 꽂으며 영원한 형벌이 가해지고 있다.

가해지옥

　가해란 말은 톱으로 썰어서 분해한다는 뜻으로 톱으로 죄인의 몸을 자르는 이 지옥은 죄인이 산채로 날카로운 칼날이 죄인의 몸을 파고 들어와 몸이 잘리는 고통을 겪으며 톱으로 목이 잘린 죄인이 피를 흘리며 땅바닥에 쓰러져 나뒹구는 끔찍한 형벌이 가해진다.

독사지옥

　굶주린 뱀들이 우글우글 거리는 침침하고 어두운 곳으로 지옥의 사자들이 무자비하게 그 속으로 밀어 넣으며 비명을 지르며 밑으로 떨어지는 사람들이 지옥의 사자의 발에 매달려 살려 달라고 애원해도 머리에 뿔이 달린 지옥의 사자는 인정 사정 없이 형벌을 가하며 뱀은 죄인의 몸을 물어뜯기도 하고 할퀴며 죄인의 몸을 감고 죄인을 바라보며 혀를 날름거리며 죄인에게 끝없는 고통을 주고 있다.

무간지옥

무간지옥은 8대 지옥 가운데 가장 크고 가장 무서운 지옥으로 알려져 있으며 이 지옥에는 무서운 불바람이 부는데 이 바람이 불어오면 온 몸을 완전히 건조시키고 피까지 말라 버리게 하며 뜨거운 불꽃들이 지옥의 공간 속에 휘날리면서 온몸을 태워 살과 가죽이 익어 터져 버리는 극심한 고통을 반복하여 영원토록 고통을 받는 곳이다.

단테의 신곡에서는 헬레니즘의 신비주의와 페르시아의 조로아스터 신앙이 겹쳐져 7가지 대죄(seven deadly slns:오만:pride 질투envy 분노anger 탐욕greed 야욕 ambition 정욕lust 나태 sloth) 개념으로 말하며 그 죄를 범한 이들과 불신자들이 떨어지는 형벌의 장소인 지옥을 이렇게 묘사하고 있다. 소름끼치도록 짖어대는 개, 음침한 동굴, 유독성 연기와 유황불 지진과 용암, 오싹하게 울부짖는 망자들의 울음과 비명의 통곡소리가 들려온다고 하였다.
어머니와 가장 가까운 곳에 살기도 했지만 9남매 중 가장 우애가 깊었던 셋째 이모는 어머니가 소천하시고 이런 꿈을 꾸었다고 한다. 아주 평화로운 곳에서 어머니와 아버지는 새 하얀 옷을 입고 젊은 시절의 모습으로 재회했다고 한다. 그러나 그것은 사람이 죽으면 세상을 살면서 알게 모르게 지었던 죄들의 죄 값이 있다고 할지라도 지옥으로 가는 것이 아니라 이처럼 평화로운 곳에서 먼저 세상을 떠난 그리운 사람을 다시 만나 행복하게 산다는 귀신의 속임수에 불과하다.

어린 시절 할머니가 내게 말했던, 내가 죄가 많아서 죽더라도 조상님들이 오셔서 나를 구해 주시고 할아버지, 아버지를 만나 좋은 곳에서 살 수 있다는 어리석은 믿음을 직설적으로 보여주고 있다. 사람이 죽는 일은 아주 먼 미래의 일도 아니요 남의 일도 아닌 나에게 닥칠 나의 일이며 그 시간이 바로 오늘이 될 수 있음을 기억하고 불시에 나에게 닥칠 죽음을 준비하며 죽음과 동시에 펼쳐질 지옥을 두려워하며 살아가야 한다. 바로 오늘밤 내가 죽음 앞에 섰을 때 솔로몬처럼 모든 것을 누리고 후회 없는 삶이었다고 위안을 삼아보아도 사람들에게 일평생 존경 받고 살며 명예와

이름을 남겼다 하여도 세상의 가장 높은 곳에 올라 권세를
누렸다 할지라도 본인이 지었던 죄 값을 해결하지 못하고
하나님의 심판대 앞에 서면 지옥의 뜨거운 불속으로 떨어질
가장 불쌍한 인생인 것이다.

'하나님이 이르시되 어리석은 자여 오늘밤에 네 영혼을
다시 찾으리니 그러면 네 준비한 것이 누구의 것이 되겠느냐
하셨으니'(누가복음 12:20)

인도네시아 자바섬 끝자락에 위치한 이젠 화산은 지금도
새파란 불을 뿜으며 활활 타오르고 있는 활화산으로 마치
지옥을 연상케 한다. 이곳에는 유황을 캐는 광부들이 있는데
이 사람들의 증언을 들어보면 실제 파란색 불꽃은 우리가
알고 보아온 빨간색 불꽃보다 훨씬 뜨겁다고 한다. 펄펄
끓고 있는 파란색 유황 불속에 사람들이 들어가 있는 것을
상상해 보았다. 너무나 두렵고 떨려 눈을 감을 수가 없다.
실제 지옥의 불꽃들은 사람들이 이 세상 살면서 느껴 보았던
불꽃보다 비교할 수 없을 만큼 뜨거울 것이며 이 불구덩이

왜 기도

속에는 나의 부모 형제 그리고 이 세상 같이 살아가며 서로 바라보며 웃고 부대끼며 함께 한 친구들도 있을 것이며 정겹게 이웃하며 살았던 사람들도 있을 것이다. 먼저 믿은 우리가 가슴을 치고 통곡하며 예수님을 전해야 하는 이유인 것이다.

사탄이 에덴동산에서 아담과 하와를 미혹하여 먹게 하였던 선악과를 오늘을 살아가는 우리들에게도 동일하게 역사하여 먹음직스럽고 보암직스럽고 지혜롭게 할 만큼 탐스러운 열매인 세상 속에 아름다운 시와 노래와 세상 속에 펼쳐진 화려함과 달콤함에 취하게 만들어 사람들의 눈과 귀를 멀게 하고 이로 인하며 참 진리를 무시하고 외면하며 귀신의 법에 눌려 일평생 종노릇하며 살았던 사람들이 일생을 마치는 순간 외할머니가 돌아가시기 전날 밤 외삼촌이 꿈에서 보았던 검은 옷을 입은 사람들이 저승사자가 되어 지옥의 뜨거운 불속으로 이끌 것이다.

세상이 주는 헛된 부귀, 영화, 권세를 이제는 버리고 예수님을 좇을 때에 주님께서 내 생명이 다하여 일생을 마치는 순간 흰 옷 입은 천사와 함께 내 영혼을 영원무궁한 천국으로 이끌 것이다.

'한 부자가 있어 자색 옷과 고운 베옷을 입고 날마다 호화롭게 즐기더라. 그런데 나사로라 이름 하는 한 거지가 헌데 투성이로 그의 대문 앞에 버려진 채 그 부자의 상에서 떨어지는 것으로 배불리려 하매 심지어 개들이 와서 그 헌데를 핥더라 이에 그 거지가 죽어 천사들에게 받들려 아브라함의 품에 들어가고 부자도 죽어 장사되매 그가 음부에서 고통중에 눈을 들어 멀리 아브라함과 그의 품에 안겨 있는 나사로를 보고 불러 이르되 아버지 아브라함이여 나를 긍휼히 여기사 나사로를 보내어 그 손가락 끝에 물을 찍어 내 혀를 서늘하게 하소서 내가 이 불꽃가운데서 괴로워하나이다. 아브라함이 이르되 너는 살았을 때에 좋은 것을 받았고 나사로는 고난을 받았으니 이것을 기억하라 이제 그는 여기서 위로를 받고 너는 괴로움을 받느니라 그뿐 아니라 너희와 우리 사이에 큰 구렁텅이가 놓여 있어 여기서 너희에게로 건너가고자 해도 갈 수 없고 우리에게 건너올 수도 없게 하였느니라 이르되 그러면 아버지여 구하노니 내 형제 다섯이 있으니 그들에게 증언하게 하여 그들로 이 고통 받는 곳에 오지 않게 하소서 아브라함이 이르되 그들에게 모세와 선지자들이 있으니 그들에게 들을지니라. 이르되 그렇지 아니하리이다. 아버지 아브라함이여 만일 죽은 자 가운데서 저들에게 가는 자가 있으면 회개하리이다. 이르되 모세와 선지자들에게 듣지 아니하면 비록 죽은 자 가운데 살아나는 자가 있을지라도 권함을 받지 아니하리라 하였다 하시니라.' (누가복음 16:19-31)

마치며

    일제 강점기 35년의 치욕과 민족 최대의 비극인 6.25 전쟁으로 인하여 국토는 폐허로 변하였고 열강들에 의해 강토는 남북으로 갈라졌으며 세계 최빈국으로 전락하여 UN의 원조를 받으며 살았던 우리나라는 현재 세계 GDP 순위 12위에 올라 있으며 국민 소득 3만 달러를 눈앞에 둔 눈부신 경제 발전과 자유 민주주의를 이룩한 세계 역사상 유례를 찾아볼 수 없는 위대한 민족이 되었다.

    세계 역사가 기억할 대한민국의 정치, 경제, 사회의 고속 발전의 토대 위에는 루시퍼와 그의 귀신들로 뒤덮여 있었던 대한민국에 순교를 각오하며 주의 몸된 교회를 개척하시고 민족 복음화를 위하여 성전에서 산과 들에서 밤새도록 부르짖고 기도하신 대한민국 모든 목사님들과 성도들의 기도를 하나님께서 들으시고 응답하신 결과물이다. 우리는 앞으로 반드시 이루어내야 할 주님의 재림의 길을 예비하는 세계 복음화와 그 중심에 서 있는 우리의 한 민족인 북한 복음화의 문을 활짝 열어야 하며 이것은 지금 이 시대에 사명을 감당하고 있는 모든 교회가 이루어내야 할 숙명이다.

오늘날 한국 교회는 세계에서 가장 큰 교회를 개척하였고 세계에서 가장 많은 선교사를 파송하고 있으며 세계 각지에서 목숨을 담보로 복음을 전하시는 선교사님들을 위해 우리는 끊임없이 기도하고 지원을 아끼지 말아야 할 것이다.

믿지 않는 사람들의 눈에 비친 지극히 소수인 일부 교회의 모습 속에서 역겨운 냄새가 진동하리라 생각된다. 이런 더러운 냄새에 취하여 하나님을 불신해 버린다면 할 수만 있으면 택한 자라도 미혹한다는 루시퍼(사탄)에 속고 마는 것이 된다.

분명한 진리는 하나님은 살아 계시다는 것을 믿는 것과

예수님을 나의 구주로 시인하는 것 외에는 구원이 없다는 것이다. 사람이 죽으면 끝나는 것이 아니라 반드시 각 사람의 행위대로 심판을 받을 것이며 지옥은 내가 없다고 판단하며 생각하고 말한다고 하여 없어지며 사라지는 것이 아니라 실제 존재하는 실제 상황이라는 것을 믿어야 한다.

할머니 말처럼 죽은 조상이 나를 좋은 곳으로 데리고 가는 것이 아니고 사람이 죽으면 흙으로 돌아가서 썩어 버리고 끝나는 것도 아니요 예수님을 영접하지 않는 자는 지옥의 문을 여는 저승사자들이 나를 데리러 올 것이며 예수님을 구주로 시인하는 자는 흰 옷 입은 천사가 나를 데리러 올 것이다. 각 사람의 머리카락까지도 세신다는 그분은 지금 이 시간에도 불꽃같은 눈으로 내 마음 속에 품은 생각들과 내가 말하는 한 마디 한 마디 행동하는 나의 모든 움직임까지도 그분의 심판 책에는 정확하게 기록되어 있음을 나는 확신한다.

나는 이 책 속에서 다른 사람에게 보이고 싶지 않은 수치스럽고 부끄러운 삶의 모습들도 적어 보았다. 단 한 분만이라도 예수님을 영접한다면 나는 내 삶속에 더 이상

바랄 것 없는 복된 인생이 될 것이다.

　'한번 죽는 것은 사람에게 정해진 것이요 그 이후에는 심판이 있으리니 이와 같이 그리스도도 많은 사람의 죄를 담당 하시려고 단번에 드리신바 되셨고 구원에 이르게 하기 위하여 두 번째 나타나시리라.' (히브리서 9:27-28)

초판인쇄 : 2018년 1월 28일
초판발행 : 2018년 2월 2일

저   자 : 정봉희
펴 낸 이 : 최성열
펴 낸 곳 : 하늘빛출판사
출판등록 : 130-92-45564
주   소 : 경기도 남양주시 진접읍 부평리
전   화 : 031-516-1009, 010-9932-8291
ISBN : 979-11-87175-05-6

가   격 : 6000원